逐光陰陽間

李雲橋——著

諸法空相，
不生不滅，
不垢不淨，
不增不減。

讀完這本書，滿感動的。
我覺得這些年很多人在講「靈」，卻很少在談「人」。
我的意思是說，因為我們終究還是得作為一個人在人世間過日子。

——資深音樂人／倪重華

《瑜伽經》裡有句著名的經文：「在行動中看見不行動。」意思是，在行動的同時，放下對成敗寵辱結果的執著。而我讀過最白話、最平易的釋義是：做每個行動時，要當做這行動會左右全宇宙的未來；但當你想著某些改變是因你而起時，最好也對這念頭哈哈大笑兩聲。

《逐光陰陽間》裡，家明那一派磊落作風，讓我想到，他就是這條經文的貫徹者。明明通天遁地、除暴安良、安內攘外、在空氣中與各路高手談判過招，當一切平息，又好似什麼都沒發生。作為陰陽兩界的橋樑，這本書從頭至尾不賣弄「通靈」兩字，不故作玄虛，它給予的是堅實的力量。沒錯，每個人都會脆弱、會惶恐、會遇到自己無法解釋無力解決的狀況，因此我們向另一個看不見的力量尋找寄託與撐持。《逐光陰陽間》穿越重重幽冥國度，帶回來的訊息是：這力量不來自虛空神祇，而存在於內心。生而在世，只有對因果業力更虔心信服，對內在智慧更明達通透，才能遠離虛妄憂懼。很難。沒錯，但讀這本書也許會是第一步。

——知名作家．編劇／劉梓潔

目錄

自序——將屬於你與我的生命故事呈現出來。

二十多年來，關於所謂「通靈」、「靈異」這一「類宗教」主題的書籍儼然成為一股新進勢力，數量與種類之繁多早已不可同日而語。與早期的遮掩猶豫曖昧相較，那神秘的面紗已然取下；替而代之的，似乎是一種氣壯理直的喧鬧騷動，以及滿足社會氛圍窺秘刺探的好奇渴望。

身為「同路人」的我，對此現象自然較一般人多了幾分留意與觀察。這類書不外分為兩種：一是由身負異能的奇人異士公開現身說法，側重於自己走上這路的成長歷程以及各種令人稱奇的遭遇。另一種則是由第三者代為執筆記述，以類似田野工作調查的旁觀者角色向讀者做出研究觀察報告。

但這兩種形式不免都有缺憾。

前者因為自我角色過於突出，往往壓倒了發展其他面向的可能，而淪為自傳式的傳記故事。甚是，或有意或無意一腳陷入了自我標榜的嫌疑地界，將書本變成行銷業務自我成就的工具，於是生意興隆聲名遠播……。

後者在形式上雖較為客觀，但執筆者身為第三人的立場只能提供如「局外人摸大象般的外圍思考」，離事件人物的真實模樣畢竟還是隔了一層。這當中還要經過執筆者的價值觀、心理認知，與知識經驗的解析篩選，抱歉地說來這只能算是執筆者個人的主觀偏見結論，關於蘊含當中的豐富意象，他也只能憑揣測推斷去臨摹想像，而少了幾分深刻與實在。

對這些現象雖然一直以來我頗有幾分不同意，但反躬自省認真地說，我自己也提不出什麼更好辦法。於是這些現象我既無從改變，我只能，也必須，對它的存在表示尊重。

但很麻煩的，我所不同意的，並不只有形式與現象而已。

我總覺得，當人們的注意焦點都只集中在那些靈異世界裡虛幻縹渺光怪陸離令人目為之眩的種種，是一件很不對勁的事情。所以我必須假借書中的人物來帶出：「這些所謂的神秘主義，靈異世界等等，都是很危險的遊戲。這些虛幻的事物都與真正的性靈無關，只會把人引上岔路去。真正的智慧是在人生裡淬鍊出來的，不是在這些個虛無縹渺的領域裡找的。」這些神靈鬼怪前世今生子不語存而不論的東西，處理起來真是一個很麻煩、很複雜，又很令人頭大的議題。

這麼些年來，我始終覺得「人」的故事才是真正有價值、有意義的主題。與其去處理那些虛幻的、容易引生遐想的、「負」作用極多的鬼神靈異，我始終頑固地堅信，這人間世每一個人的生命故事才是最獨一無二、最彌足珍貴的資糧。神鬼與靈界，畢竟離我們每天的生活都太遙遠了。（當然說近也是很近的，一念之間，你當下便可以為神也可以是鬼，僅只一念而已。）

這是一個聽故事的時代，不是講大道理的時代。我希望透過這本書，將屬於你與我的生命故事呈現出來。在這裡面，神靈鬼怪都不是主角，都必須退到一旁去。每一個活生生的人——在生命轉折中奮力掙扎的人，在命運遭遇中長嘆怒號的人，面對過去感嘆、面對未來茫然的人，都才是這小小作品中的唯一主角。

在創作過程中，我也並沒有什麼「文以載道」的偉大企圖，我甚至連「這算是一種回顧整理？一種打發時間的活動？甚或是抒發心聲的自我療癒？」都不很肯定。「總之，就是一件自己想去做的事，僅此而已。我不想賦予它過多意義或解釋免得失去我的原意。對我而言，純粹只是單純地想寫想紀錄而已。至於背後是什麼動機什麼心理因素在推動著，我並不是太在意。」或許認真說起來，全都只是作者自況而已。

我僅僅試圖在這兩種形式之中另闢蹊徑，用我自己最可以放心安心的方式，形塑出一條有別於先人前輩所走過的道路，創造出能讓我自己滿意的風格來。

於是我硬生生將自己一拆為二，創造出書中「家明」與敘事者「我」這兩個角色，希望透過不同身分的觀點交換，可以更自由、更充分體現出故事裡的種種風貌，也更沖淡故事裡家明的靈異味道。當然，原先的用意是把我自己給好好藏起來。

但我還是要很小心才行。雖然這些故事都是真實事件，但「事情的人物細節還是不要太詳細確實比較妥當點。我想，把所有故事的人事時地物全都打散重排混著寫：甲地的事跑到乙地發生，某丙的新聞套到某丁頭上去，戊己庚辛子丑寅卯去年今日全都亂湊在一起就沒法對號入座了吧。」

承蒙皇冠集團平小姐的青眼錯愛，在只看過第一篇實驗之作後便慨然決定集結出版，並在寫作過程中給予我許多鼓勵與加油打氣；雖然我知道她是在催稿（顯示為攤手並苦笑），對於我這樣一個生平第一次寫小說文章的新手菜鳥而言，處理的又是這樣容易引起爭議的題材，平小姐的勇氣與膽量不能說是不大的。尤其對皇冠集團這樣有歷史地位的出版社而言，涉入這怪力亂神的主題，我心中更是有許多惶恐與不安。

但後來想到，從小我不但喜歡看著天空發呆，我還非常喜愛閱讀。小學時候皇冠雜誌裡醉公子胡不歸的專欄更是每期我所必拜讀。沒想到幾十年後繞了這麼大一圈，竟然還是回到皇冠身上，只能說箇中因緣巧妙安排，殊不可解。

這本小書的文學價值我不敢斗膽多想，作品的成績與能夠發揮的效果也非我所能逆料。只能說：「一切都要因緣俱足才成的，眾人有眾人的緣法，我也有我自己的緣法，我也在我自己的因緣當中流轉著，直到俱足的那一天。天地之間的奧秘這麼多，我們的智慧這麼卑微渺小，要強求諸行圓滿根本上是不可能的。我也只能隨順因緣，憑著自己的本心盡自己的力量來做就是了。」

我已經將我自己最隱密掩藏的部分公諸於此，像是一艘漂泊航行多年終於找到卸貨港口的破舊貨輪。但是，「有些人、有些事，是注定見不得光的。一見光，不是寵就是辱。寵辱皆若驚，皆為大患。」由此而去的往後，是福是禍，就交給老天吧！

最後，更要感謝拾起本書將要開始閱讀的讀者諸君。弱水三千，但願裡頭有您所需所愛的一瓢，還請隨意取用。說是神話也好，連篇鬼話也罷，終究是：

「姑妄言之姑聽之，豆棚瓜架雨如絲。料應厭作人間語，愛聽秋墳鬼唱詩。」

忝為序。

幽人明光

於是我想要將我與家明所經歷的故事記錄下來。我決定開始調整我過活的方式與看待生命的態度，我必須要對自己的生命能夠有所交代。因為我自己，或許也只是個短暫的存在……

我曾問過家明，願不願意多講一些他的故事讓我寫出來。當時他很斷然地搖搖頭沒作聲。過了一會，像是心中有點過意不去似的，他說若是有一天他想講而我也還想寫的話，那時再說吧。

雖說這一天始終沒到來，但跟著家明混了這麼些時日之後，其實我已經累積了不少故事可以慢慢整理記述。我本盤算，這樣就算你不說我也有得寫哪。但後來真的開始動手編整的時候我才明白：那些他藏在心底始終沒說出來的，我可能永遠都無從得知也無法記述了；如果他始終不說的話。

按理講，我與家明結識的經過，或是我與他曾共同經歷的某一事件，就是一個相當戲劇化且引人入勝的故事開頭。話雖如此，我卻不是因為家明這個人有多奇特，或是他的經歷有多曲折，才想下筆為文的。我所要記錄的，其實是我自己到目前為止短短的人生當中，少數幾年稱得上是有意義的時光。我很慶幸當大多數人（包括我自己）都在人生的長河中載浮載沉、惶惶不可終日、不知所為何來時，我有這麼幾年是不茫然失落的，是踏實自在心安理得的。

我想把這段對我自己極富意義的時光記錄下來，以免有一天，我又將它遺忘。

①

約兩年前，我這線上記者為了過多的業配與置入差點沒折斷腰，加上又發生一件私人事故，索性便離開報社也搬到靜僻的城郊圖個清爽。離職大半年後有個早我一步離開報社的舊同事邀我去他家小聚，我抵達現場才發現原來是同事約了位塔羅牌名師在他家開算牌趴。我對塔羅雖談不上排斥但也沒有很大興趣，更不想擠進那十幾個人圍著塔羅老師解牌問事的圈圈裡湊熱鬧，於是自己踱步到客廳的書櫃前想找本書翻翻。這同事關於各種心理學領域的藏書之豐我早有耳聞，正好趁此機會飽覽群籍。

同事走過來招呼我去取用咖啡茶點零食，順便要我也去算牌。「有沒有什麼特別想問的？隨便問問什麼都好，工作啊運勢啊感情啊，這老師解牌超有風格，很能打動人心喔，不然我也不敢請你來了。」

「這麼準喔，連你也信服了？」我問。

「哎呀，現在準確度已經是基本面了啦，不準還能出來混嗎？光準是不夠的。這老師解牌的層次已經跟心理治療差不多了，我每次跟她抽牌問事都快有一種在進行心理諮商的錯覺了。」同事如此讚嘆道。

「是喔，那等等有時間再算吧。反正我沒什麼事想問，先讓她們幾位盡興好了。」被同事這麼一說，我反而更不想問了。

現場沒擠過去算牌的人倒也有好幾個，各自在喝茶閒聊著。我跟幾個舊識打過招呼後端了杯咖啡正想找個角落開始閱讀時，一個陌生人走過來與我攀談：「你對算塔羅牌沒興趣嗎？」他就是家明。瘦瘦高高斯文乾淨，約莫跟我差不多年紀三十五六，一雙圓圓的大眼睛透著一種與年齡不大相稱的無辜孩子氣。

②

初見面家明就給我一種異樣的熟稔感覺，好像很久以前就與他熟識似的。後來我跟家明的組合變得相當有趣：我既像是他的羅賓又像是他的華生，必要的時候還得是他的張良。算牌趴那天過後他常有事沒事就找我吃飯喝茶聊天，一起無所事事打發辰光。我們最常去的地方是二十四小時營業的書局附設咖啡廳，偶爾心血來潮家明還會找我往市郊的山上或水邊跑。我們並沒有什麼特別行程、目的、話題；在書店各逛各的，逛累了坐下來喝杯咖啡聊聊天是我們最常做的事。雖說兩個初識的大男人老約見面吃飯是有點怪，但家明找我所從事的活動剛好都是我所喜愛的，於是就如此這般不知不覺跟家明在短時間內便往來熱絡。

這樣平淡無味地相交幾個月之後，一個秋老虎發威的傍晚，家明帶我去爬市區南端某大學的後山步道。這步道不算長但是相當陡，爬得我是氣喘吁吁怨聲連連。到了山上的停車場往下遠眺，縮小版的城市籠罩在濛霧與光線交雜之中。雖不至於愴然淚下，但也很有點小天下的跳脫與自得。

家明很專心地看著遠方，對他的突然靜默我早不以為意，正想找洗手間洗個臉沖沖涼的時候，家明說：「明天中午你有事嗎，一起吃中飯可好？」我說好啊沒問題；家明像是喃喃自語似的看著天空又道：「時間差不多到了，明天帶你去瞧瞧。」

③

隔天中午吃完飯，我們坐上家明的車由東往西走，一路開過了兩座橋，來到另一個城鎮某巷弄的社區裡。

家明走進警衛室跟管理員說我們是來看房子的，房仲某先生有交代鑰匙直接跟您拿就行。我們拿了鑰匙進電梯直上十五樓。這空屋是三房兩廳的標準格局，讓我印象深刻的是客廳出奇的開闊，尤其是大片大片的窗玻璃看出去就正對著河景，雖說稱不上是多了不起的景致（尤其是那髒河），但能在擁擠狹窄的城區擁有這一小片風景也挺不容易了。我看看手錶約莫是下午的三點半，太陽在窗外的天空閃耀著金光。很顯然這房子是西曬日照的對向，等到夏天午後可有的熱了！

我想我只是陪家明來看房子的，所以打一進來就站在客廳的窗邊看風景。而家明倒是由後陽台廚房浴廁客房一直慢慢踱步看到了主臥。我也不想打擾他，由著他慢慢看。不知是不是日曬的關係，我一進屋裡，頭就隱隱作疼著。

沒多久家明便從主臥出來走到客廳窗邊。「怎麼樣？」他說。「覺得這房子如何？」這怎麼回答啊？我一不懂看風水二不是我要買，哪輪得到我來覺得怎麼樣！但我想了想還是問家明，你真的要買房子啊？這麼大的事怎從沒聽你提起過呢？家明沒回答，倒是臉上泛出一個微笑表情看著我。「你這人，有時候挺有意思。」他神秘地說。

我還摸不著家明隱著的真意是啥，卻見主臥中走出來一個少婦與兩個小孩。這婦人約莫三四十歲，兩個小孩一手抱著一手牽著，大約是三歲與七歲左右的年齡吧。我沒想到屋裡居然有人，一時有點不好意思，看他們一身居家服，莫不成是屋主？我跟他們點點頭，小鬼頭們眼睛瞪得挺大直瞧著我，七分敵意中倒似還帶著三分怯意。少婦沒瞧向我，就只神情不安地看著家明。

家明走到少婦面前低下頭看著她，一手搭她肩上輕輕說著話。這親密的動作倒是讓我多了心，難道家明認識這屋主？難道這少婦是家明的戀人？這神情完全不像是買家跟賣方談價錢的樣子，倒像是兩個老友在說知己話。但要是家明認識這少婦，又何必先在樓下跟管理員拿鑰匙呢？直接上來按門鈴不就行了。他們說話的聲音真輕，輕到近在幾步之地的我都聽不清楚。只見少婦堅決地搖搖頭，又深深呆望著兩個小孩，然後似乎終於下定決心地點了點頭。

家明走回窗前，抬起頭望著越來越往西方移動的太陽。許是陽光刺眼，我看他閉起雙眼沒有表情。到底家明跟這少婦在商量什麼事情呢？為什麼少婦本來搖頭反對後來又改變心意呢？我們不是來看房子的嗎？我滿腹疑雲看著家明仰著頭喃喃自語，心中十分不解。突然間大片陽光直射進客廳裡來，照得滿室皆泛著金黃色的亮；這陽光之直，光線之亮，給了我一種十分不自然的感覺。簡直像是攝影棚或是演唱會上的聚光燈效果了。

家明拉著我走開到旁邊去，「來，我們讓一讓。」他說。

這時那少婦牽著孩子，步伐沉重緩緩地向窗邊移動。慢慢地慢慢地，我看著她的表情由驚懼，懷疑，不安，傷心，凝重，到堅定；不過這短短幾步路的距離，少婦臉上的表情已經變了好幾回，我彷彿可以感受到她內心情結歷程的百轉千迴，就在這短短幾步路的當下。

我看著這少婦與兩個孩子如此緩步走向灑進客廳的陽光裡，似乎身形縮小了耶？似乎腳步輕盈了耶？光線中可以看到飛舞彌漫的塵埃，少婦與她的孩子就這樣走入這道直射入屋的陽光裡！像是一條輸送管道，這母子三人走入陽光裡面之後腳步就停了下來，筆直地移動穿過了厚重的氣密窗玻璃，穿過了屋外的天空，進入了金芒萬丈的陽光裡。我幾乎可以看見他們要被陽光吞沒的那當下，少婦似乎回過頭來向我們一望，才帶著她的孩子敞開胸懷投身陽光之中。

這一幕實在太震撼，我好像在看３Ｄ電影似的，但卻又清楚地知道這不是幻覺，這是清楚在我眼前發生的事情。

我追著家明問，那少婦是誰？我看到的景象是真的嗎？這到底是怎麼一回事？我們不是來看房子的嗎？事後回想起來，我當時並不害怕，我只是需要有人證實我剛看到的不是幻象，我只是想要家明告訴我這到底怎麼回事。家明卻平靜得很；他有一種大功告成如釋重負的表情寫在臉上，他甚至沒望向我。他凝視著窗外的天空說：「你不覺得，孤兒寡母三個人永遠地住在這空屋子裡，是一件很悲慘很淒涼的事嗎？」

我沒作聲，家明回過頭來對著我又說：「你沒發現你自己又看得到了嗎？」

④

是，雖然我從小就看得到，對超自然的靈異現象並不算陌生，但我這俗稱的陰陽眼卻是標準的段譽六脈神劍：時靈時不靈。小學時看到的次數多，挨罵的次數也多，所以久而久之在刻意的排斥之下感覺就變鈍、變麻木了。到了國高中不知道是不是青春氣旺，除非是真的到了陰氣比較盛的地方，要不然幾乎是徹底的失靈了。後來又開始偶爾看得到是在剛進報社跑社會線的小記者時期。不過說看得到也不是在命案或意外現場會看到死者亡魂；而是在加班過度體力與精神嚴重不濟的情況下，才偶爾會讓我瞥見一些模糊失焦的身影。因為次數少（一年還看不到五次），又是在極度疲勞的狀況下看到，所以我滿不當回事，只當是身體過勞頭眼昏花，往往埋頭大睡兩日便罷。

但沒想到那一次站在家明身邊，我不但又看到，而且畫面清晰栩栩如生，儼然就是高畫質的3D立體成像；要不是他們三人走出窗外我還真不知道自己看到的竟不是活人。離開的路上我在車裡問家明真的是來看房子的嗎？家明回答我，是，也不是。我不死心，記者的老毛病發作，有太多問題我想要問個清楚：「你是先打算來看房子然後才發現這母子三人，還是你早知道這母子在那裡面，只是誆我說來看房子的？你又怎麼會知道我曾看得到過呢？還有那仲介怎麼會沒帶看反而讓你自己一個人來呢？還有，為什麼你——」

家明轉過頭來不發一語地望著我，他用靜默打斷我連珠炮似的發問。好半晌，他說：「這些問題有那麼重要嗎？」家明邊開著車邊說：「這可憐的母子三人終於能夠有個去處有個依歸，不才是最重要的嗎？因為被拋棄而帶著兩個幼子燒炭，以為死是解脫，卻不知道反而住進了自己親手打造的監牢！稚子何辜？棄婦何辜？罪受夠了總要有人幫忙拉他們一把，讓他們好歹有個歸處不是嗎！」家明車行越來越快，我靜默無語。

家明的口氣雖不嚴厲卻很堅決，他的堅決像是一種棒喝，把我由無頭蒼蠅般亂竄的混亂中敲醒過來。我是否只顧到我自己的紊亂心情與重重疑問，我是否絲毫沒有設身處地想過這母子三人的遭遇與悲劇？我這樣，是不是太自私太愚昧？

家明送我回到市區，我還不想回家所以就讓他先走了。我想找個地方自己一個人沉澱一下。雖然我很清楚我所看到的，對家明的為人我也有一定程度的信任；但那天下午的經歷實在太不具真實感；或是，太具真實感。我心中疑點太多：家明到底是怎樣的一個人？這整件事是幻是真？我又該如何自處？我感到頭昏腦脹，許是受到的衝擊太大，我必須親自查證這一切。說不定，如果這些不是事實，對我來說還會好過一點。

⑤

我找了間咖啡廳點杯冰咖啡後馬上打電話給報社的老同事，讓他查一查那條街那棟樓，幾年前有沒有發生過攜子燒炭的新聞紀錄。老同事效率很高，冰咖啡送上我才剛喝一口電話就來了。我急忙接聽：「怎麼樣，有查到什麼嗎？」電話那頭同事對我的心急與緊張似乎很不解：「怎麼啦，離職沒多久就閒慌了嗎？還是轉行當徵信了？」我沒心情陪他哈啦：「快說有沒有查到啦！」「如果沒有我也不敢回你電話了，還真的有。七年前有條新聞在那一帶確實有一個少婦懷疑是因為丈夫外遇，一時想不開就帶著兩個小孩燒炭了。詳細的地址新聞紀錄裡沒有，但真就是你說的那一帶。如果你要詳細地址我要去翻翻七年前的採訪紀錄才知道了。喂，查這幹嘛呀？」「沒事，就問問印證一下而已。地址我不需要了，謝謝你。」

講完電話，我用冰咖啡杯碰著頭，好好地把整件事再想一遍。突然間我對家明究竟怎麼知道這件事的已經沒興趣了，我所看到的是怎麼回事也不重要了。這一切真的發生過，七年前、七年後，都真的發生過。這少婦帶著她的兩名幼子，困在那屋子裡竟長達七年之久……我想到那兩名無辜稚子帶著敵意與怯意的眼神，我試著想像這些年她自棄自絕的心情……那是什麼樣永無止境的淒慘境地？要是家明沒出現，難道他們就這樣在那裡一直待下去？

家明今日是否特地前去接引？

這事體仍有許多不明之處，我還是有許多疑問與好奇。但我知道就算去追問家明他也不會正面作答。儘管如此，儘管我仍有許多疑惑與懵懂；但打自這一天開始，以及在我涉入更多事件之後，我慢慢可以體會家明是抱著什麼樣的心情與姿態在做這些事情；我對家明這個人以及他所投入從事的，更是由當初的充滿好奇到逐漸察覺這一切當中所蘊含的深意。或許是為了滿足我個人的好奇心，也或許是家明所做的事充滿讓我心嚮往之的感動，我沒想太多便隨著家明踏上這殊不可知的奇幻旅程。

這種種如幻似真的經歷以及故事背後的深刻意涵，給予我相當程度的存在感，也讓我開啟了另一不同層面的人生視野。不但如此，當我身在家明旁邊時，開始活躍起來的，竟不只是我的陰陽眼而已。

讓我印象最深刻難忘的，是與上海的宋先生見面那一回。

⑥

那日我隨便吃完午飯後打電話給家明。他在咖啡廳問我要不要過去一起，於是我就帶了兩本書出門去跟他會合。

進了咖啡廳，家明坐在靠窗的一個角落，對面還坐著一對男女，我想原來他已經在跟朋友聊天了。我走到家明旁邊的空位坐下，不知道會不會打擾他們談話。家明倒是若無其事跟我介紹：「這是宋先生宋太太，在上海挺有發展，生意做得很好喲。」我忙道幸會幸會不好意思打擾了。宋先生很客氣，似乎不介意我的加入，我鬆了一口氣也就老實不客氣點了杯拿鐵，聽聽他們原本聊些什麼。

「這都老問題了，家明你也知道。我們想生小孩完全不是上一輩的壓力，實在是我們覺得要有個小孩這個家才算完整；再說內人年紀也不小了，不趁現在趕快努力點，高齡產婦風險很高的。」原來是聊這話題，這我實在是門外漢，對生小孩也沒丁點興趣，說真格的一時還不容易體會他們的心情。我看看宋先生，斯文溫和有禮，全不像是在上海十里洋場打滾的生意人。宋太太雖略顯福泰，但掩不住她的精明幹練氣質，就是一雙眼睛裡似乎裝滿了濃厚的憂愁與疲憊。

「那麼你們這趟回來有什麼安排？」家明問。

「說安排是不敢有什麼想法了，我們也不是不孕，就是她，」宋先生疼惜地看著太太說：「已經流掉四個了！我夫妻倆身體都健康，不知怎地小孩就是留不住。小產四回我看著都不忍心，也不敢想再試了。我倒是沒什麼，你不知道她既傷心又傷身哪！這種身心的雙重打擊一連四回怎麼受得了！」

宋太太對著家明說：「反正都熬過來了，我還受得起，但偏就是不甘心，我還想試試看。這次回來是朋友幫忙約了個老中醫，有幾帖家傳方子聽說是很靈驗的。我想用中藥調調身體，或許是我體質的關係不容易留住孩子呢！」宋太太回望著先生，眼神中不是沒有歉意的。「現在反而是他很難做，不避孕嘛怕有了又流掉；避孕嘛豈不是一輩子沒指望。這種閨房醜事說了不怕家明你笑——」

家明忙打斷宋太太的話：「這也沒什麼好笑的，是妳豁達還可以當笑話講，我聽著都替妳辛苦。小產傷身勢必是要調養的，希望那中醫的方子可以一併讓妳內氣強旺些，小孩再來留得住，養得白白胖胖再出來。」

宋太太接著說：「謝謝家明你的金口啦，什麼時候再到上海來玩？你也挺多年沒到上海哦，我們搬了新家你都還沒來過呢。」

家明尷尬地笑著說：「有機會一定要去拜訪的，但你們也知道我實在不喜歡上海的烏煙瘴氣，沒辦法，我跟上海就是處不來。上回去打攪你們有五年了吧，那時候光是打的進市區就……」

聊到這我已經沒興趣聽了，怎麼這對中年夫妻跟才三十開外的家明講話像是跟長輩話家常呢！我打開帶來的書，低頭打算開始讀的當兒，突然聽到耳邊響起一個淒厲的女聲：「我才是他老婆！」

我低著頭，頭皮開始陣陣發麻一陣涼意透心，正在不知該如何是好時又聽到：「我——才是他老婆！」這女子的聲音既低沉卻又高昂，壓抑著的怒火從口氣中完全聽得出來。

家明邊跟那夫妻倆聊天，邊在桌子底下輕輕踢了我一腳。我緩緩抬起頭來，只見宋先生後面站著一位身著古裝的女子。衣服看得出來是相當不錯的質料，挺有富貴人家少奶奶的質感，樣式接近清初的旗人裝扮；或許因為年代久遠，這身富泰華服已經殘破不堪，有好些個地方都已經腐敗破爛。厚重的塵垢掩去了衣服原來的顏色，黝黑的黯沉底下蓋著的是墨綠還是鮮紅，已無法分辨。

我不敢正視她，只好偷偷打量她的身形。她站在宋先生的背後，一手壓著他的肩膀，另一手握著拳頭舉在胸前，我感覺得到她強烈的悲憤與怨氣。

「是怎麼了呢？」我鼓起勇氣望向她的面容，瓜子臉丹鳳眼，細細的嘴唇抿得死緊，蒼白的臉上有幾抹塵垢在。我想著：「怎麼呢？」又聽到她的聲音響起：「他自己說要生生世世跟我結為夫妻的，他說會永遠只愛我憐我一個的；我不許他跟外頭的女人生小孩，我不許啊！」

原來是這麼回事！我心想，難不成那四次流產……「是，全是我掐掉的！」我看那女子將手伸向一旁坐著的宋太太小腹，惡狠狠地說：「妳已經都跟他成親了，還不滿意嗎？妳還想生他的小孩，別作夢了，我偏不讓妳稱心如意！來一個我弄死一個，生，我教妳生，我教妳生哪！」

難道宋先生夫婦求子不可得而多次流產的遭遇，其中竟夾雜著這一段內情？我看著那女子憤恨滿懷地瞪著宋太太，她的恨意與怒氣經歷了不知多久的時空變遷與人事交替，一直到如今出現在我面前，不但沒有隨著歲月的消逝而淡化，反是越來越濃厚越來越強烈。

我用眼角的餘光瞥了一下家明，他仍與宋先生宋太太若無其事地閒聊。我再看看那女子，猶自忿恨不平地捏著拳頭比向宋太太的下腹。

突然我聽到家明的聲音。他明明還一手端著咖啡杯在聊之前去上海的情形呀，但我清楚聽到家明的聲音響起，他說：「是不是該放手了？他們被妳折磨得也夠慘了，放手了好嗎？」

「我怎麼能放手！他說過要跟我永世結為夫妻的，他說永遠只愛我憐我一個的。是他親口說的，他怎麼能答應我卻又都拋在腦後！我不放，我不放哪！」

我感受到她滿腔悲恨宣洩出來的力道，那是一股深埋已久生離死別的苦情。一再重複的話語，說來講去都是同樣這幾句，可以想見她的怨念之深執著之重。

「這樣苦苦糾纏下去，如何是個了局呢？害慘了這兩個不知情的不說，還連帶賠進去一個妳。妳打算生生世世都困在這個境地裡嗎？難道妳打算永不離開，一直跟著他的每一世阻止他娶妻生子嗎？」家明的聲音繼續傳來，非常的平穩，非常的柔韌。「妳已經纏了這麼久，不累嗎？不倦嗎？妳的委屈他雖不知情，但是我們曉得，好不好妳放過他們，也放過妳自己，為自己想想，為自己的出路打算打算，好嗎？」

「不，你不曉，你不曉他抱著我，他在我耳邊對我說，說生生世世永為夫婦的，他說來世還跟我一起生養孩子的。現在他居然要跟別的女人生小孩，你說這怎麼可以，怎麼可以呀！」

「我曉得。」家明道。「我曉得是妳難產的那一日，妳臨終時他抱著妳在妳耳邊說的對嗎？妳臨盆難產，母子雙亡，他哀慟逾恆，抱著妳的屍身立誓願生生世世永為夫婦，願生生世世與妳再續前緣養兒育女對嗎？」

沒想到這女子竟是如此亡故的！她到底「守」了他多久？我感到一陣寒意襲來，我被這曲折的內情震懾住，剎那間我似乎感同身受體會到這女子的悲情與遭遇。她的冤苦，她的悲痛，是情是緣？是冤是孽？

那古裝女子垂下臉搖著頭痛哭起來；我似乎到現在都還可以聽到她的哭喊聲：「你知道哇，我的苦你知道哇，你說他怎麼可以忘了我，怎麼可以忘了他答應過我的，怎麼可以啊……你可知道我一直守著他，等他實現他的諾言啊，我可一直守著他啊！」

「妳已經苦了這麼久，難道妳還要這樣守下去？對誰有好處呢！再說，被妳弄掉的四個小孩，他們的冤要向誰說去？誰來還他們一個公道？妳若是再執迷不悟，天道好還，報應不爽，法網雖恢但疏而不漏，豈能容妳一再放肆？」

家明的話語鏗鏘有力義正詞嚴，我再轉頭看他一眼，這老兄偏正在吃提拉米蘇呢！真是搞不懂這傢伙。這清裝女子似乎被家明的話所撼動而低頭不語，兀自抿緊著雙唇緊握著拳頭。

家明銳利的鋒芒一閃即過，我隨即聽到他又恢復原來的平靜與沉穩語調低吟道：「縱使相逢應不識，塵滿面，鬢如霜。妳再如何眷戀也沒有意義了。好不好我替妳尋個去處，妳的悲情自然有人聽，妳的過錯也自然有人公斷裁決。到了彼處誠心懺悔，莫再因這份情孽而迷失本心。因緣若成熟，妳尚有行功補過以贖前衍的機會。妳放不下一分，自身罪孽也加深一分。今日得見即是有緣，妳若情願，這兩份牒文妳收下，一會我自尋人來領妳去，以此圓滿了結這樁公案如何？」

女子低頭一陣啜泣，良久良久沒作聲，四周圍的空氣也變得凝重起來。此事如何收場，今後她境遇如何，全在這一念之間了。就此一念：轉念即得解脫，執著便是沉淪。我屏息等待許久，終於聽見她斷斷續續哽咽哭道：「那便，那便敬謝……拜領……敬……謝……拜……領……」旋即幽幽放開了壓在宋先生肩膀上的手，緩緩往咖啡廳門口走去。此時家明突然拍了我一下低聲說：「你幫我出去送一送。」我忙起身向宋先生夫婦說聲抱歉我出去買包菸，忐忑不安地走出咖啡廳。門外的街道行人眾多，我尋不著女子身影正四顧張望時，突然在背後聽到深深的一聲嘆息：「謝謝二位先生，願二位福壽無量。」我忙回頭稱謝答禮，只見那女子手上已拿著兩份黃色牒文，臉色與衣服似乎都明亮了些。此時女子頭頂上方約莫三尺處現出一道強光，當中依稀可見兩個模糊光影，因為強烈的背光我看不清這兩位來者的身形與面容，那女子向我點頭一致意，便同那兩個光影去了。霎時我看到這街，仍是一般的熙來攘往，彷彿什麼都沒有發生過。

我回到咖啡廳，家明正舉杯向宋先生夫妻說：「那麼預祝二位此次回來行事一切順利，宋太太身子好好地調養，我想很快就會有好消息。到時候請滿月酒可要好好熱鬧一番哪！」

⑦

我從不知道一開始為什麼家明會找上我參與他這些奇異特殊的事件。雖然許多細節始末他並不會刻意向我說明，但隨著參與的事件越多，涉入的程度越深，越來越豐富的經驗讓我足以自行拼湊出這些事情的大約梗概。

我無法想像家明的心境有多寬闊，想法有多深邃。他輕鬆自然的外表背後到底隱藏著什麼樣的身分與來歷，甚或幕後是否有什麼更大的計畫或安排，這些我都不得而知。但我知道每個人都有生命，或許不只生前有，死後仍有。我也明白雖然每個人都有生命，但是活著的方式與態度都不一樣。我作為一個「人」的心態也開始漸漸轉變。莊周說未知死，焉知生。生與死，究竟何者悲，何者歡，誰能有答案？

於是我想要將我與家明所經歷的故事記錄下來。我決定開始調整我過活的方式與看待生命的態度，我必須要對自己的生命能夠有所交代。因為我自己，或許也只是個短暫的存在……。

今早我難得被家明的電話吵醒。昨晚因為心情低落幾乎整夜沒睡，坐在床邊聽音樂直到天光微亮才上床躺平。睡沒幾個小時家明的電話就來了：「起床唄，天氣挺好，跟我去晃晃，今天我開車帶你。」好吧，我打起精神起床，讓家明當司機，載我出去晃悠轉轉也比繼續待在家裡悶著強。

上了家明的車，他一路往北走，陽光刺得惱人，幸好我早有準備著墨鏡戴上。沒多久我們居然來到這間以惡性腫瘤專科聞名的大醫院。進了停車場停好車，我跟家明說，我不想上去了，我在旁邊花園抽菸等你。

家明看著我，慢慢地說：「我知道你不會想上去。你得了這病還跟我東奔西跑這麼久，真難為你了。我很快就下來，你等我一下。」

就像天上一道閃電冷不防打到我腳邊，家明竟說出：「你得了這病還跟我東奔西跑這麼久，真難為你了。」我感到一陣暈眩，雙腿發軟。

兩年多前，當醫生告知我的淋巴癌是第三期，而且有遠端轉移跡象的時候，我便以過多的業配與置入為由辭了報社工作，打理完瑣碎的雜事準備開始接受化療。為期半年十二次的化療讓我吃盡苦頭，不知道歷經多少痛苦掙扎，每次住進醫院的當晚都想要就此放棄回家等死算了；總算治療成效良好，病情也穩定控制住，我才在主治醫師半哄半騙連帶緊迫盯人之下勉力完成整個療程。

昨天是我當了一年鮭魚族後首次的檢查報告出爐。主治表情凝重地跟我說，似乎有復發擴散的跡象，好幾個淋巴結點跟臟器都出現異常影像。他不捨地看著面無表情的我，沉重地說：「我恐怕是復發了！」

我抽著菸邊想著昨天在醫院的情景。是啊，復發了，前後不過才一年。我沒有什麼很大的情緒起伏或反應，像是在便利商店接過店員微波好的便當一樣平常。「先生，您的微波好了喔。」「先生，您的癌症復發了喔。」竟這麼的平常。

我從沒跟家明說過我生病的事，但他會知道我一點也不意外。倒是他什麼時候知道的呢？第一次見面？還是後來什麼時候他曉得的？我沒想到他竟然一直都知道而且瞞著我沒說。我更不明白他是生性殘忍還是故意裝佯，竟然在我被宣告癌症復發的隔日帶我到這腫瘤專門醫院來探病！他知不知道我昨天才去看的檢查報告？他知不知道啊？

沒一會家明就下來了。我看著他問：「樓上的朋友，還好吧？」

家明微微地笑著：「不壞也不好。朋友的弟弟，很需要給他鼓勵打氣。就安安他的心也好。」什麼胡扯出來的朋友，我才不信呢，又不是第一天跟你出來混。

家明問我：「你精神還好吧？要不要也給你鼓勵鼓勵？」

我沒好氣：「好得很，死不了啦！還一堆事沒做哩，我不會輕易放過你。」

家明跳上車：「還可以的話那我們走吧！今天帶你去一個大學城，新開發完成的文教住宅特區。那邊啊，可精采了……」

我跟著上了車，這回我們一路往南開。是啊，可精采了，我還好多故事沒寫，好多地方沒去，好多人物沒拜訪呢！恐怕我時間也不多了。我們真的還好多事情沒完成呢家明。謝謝你帶著我，我想我必須要把跟著你到處行腳的經歷記述下來，我想也許我正慢慢將生命的空白填滿。在我看到身旁出現一黑一白兩個模糊的身影之前，我想我將越來越堅強，也越來越柔軟，越來越圓滿……。

車窗外的陽光依舊耀眼，我戴上墨鏡望著藍天白雲，心滿意足地緩緩睡去。

因緣俱足

一切都要因緣俱足才成的，眾人有眾人的緣法，不是我們可以率性而為的。我也有我自己的緣法，我也在我自己的因緣當中流轉著，直到俱足的那一天……

其實認真說起來，我不是沒想過好好仔細調查家明的。依我過去在報社工作的資源與歷練出來的挖掘能力，還有這些年下來累積的合法與非法的合作夥伴關係，我相信是綽綽有餘了。

但我沒有這麼做。

倒不完全是因為道德良心的考量；如果我真的下定決心要這麼幹的話，這些私德問題是可以先擺到一邊去的。如果記者的狗仔職業病又發作的話，我有十足把握一定可以收集到大量資訊的。但那些不外乎家明的學經歷，出身背景，家庭環境，身高體重血型星座（甚至令我很好奇的，家明做過什麼工作，又以什麼維生）。

這些資料對我已毫無意義可言了。家明幾歲？我不想知道。我想知道他做這些事多久了又是何時開始的？他過去的職業是什麼？我沒有興趣。我有興趣的是他背後是不是有什麼更大的意義或目的。他的收入多少如何維生？我也不想知道。我想知道的是他如何歷經這光怪陸離的一切種種後，還能維持如此的坦蕩與自得。家明是哪所學校什麼科系畢業的？我不想知道，我甚至不想知道他這身能耐是如何得來的。我想知道家明的心裡都隱藏了什麼秘密又背負了多少壓力。

我真正想知道的，是他怎麼能夠以這樣輕鬆自如的姿態遊走險惡的江湖。

我真正想明瞭的，是這些人間悲歡際遇在家明心裡留下了什麼樣的痕跡。關於這些內隱資訊的蛛絲馬跡，全都無從也無法調查起。我想我只能憑藉自己的心去體會與感受。我只能也跟著調整好自己的姿態與狀態，順流而上，細細品嘗這天地之心所蘊藏的諸般奧秘。

①

我依著家明的吩咐打開後車廂，將表示車輛故障的三角警示牌拿出來立在車後約十公尺處。這可是高速公路的路肩哪，我心裡嘟囔著，想說家明未免也太隨興了吧。雖說剛剛我也是按著家明的指示將車開上這高架段，但他突然要我在路肩把車停下來倒是出乎我意料之外。我默默暗想，對他這種沒頭沒尾突如其來的舉措我應該要快點習慣才是。

我隨著家明走到路旁靠在護欄上，看著眼前這一片風景。緊鄰著這高架段的是河，河畔是一大群高樓櫛比鱗次的科學園區。再往下看，那一段就是著名的高級水岸豪宅了，遠處看去如玩具模型似的，映著一條玉帶腰圍的河似乎正趾高氣昂地展示著自己不凡的身價。這條河段太長，有科學園區有水岸豪宅有河濱綠地，我不明白家明要看的是什麼。

「你看這些豪宅大概是什麼時候蓋的？」家明指著下游的豪宅群問我。我回道應是這幾年陸陸續續蓋起來的吧。建商們圈著地養著地，慢慢地蓋慢慢地賣逐漸發展出來的我想。

「所以應該是當初就規劃成建地住宅區打算拿來蓋河岸景觀宅的吧？」家明又問。我說應該是的。這河當初重整出來的重劃區一定有經過細部的土地利用計畫。土地使用區分對新開發的區域是很分明與嚴格的。

「那麼你看這區是什麼？」家明將手一揮，指向園區那一帶的高樓。「你看看園區這邊，在這麼多高樓的邊陲地帶怎麼突然缺了一塊？」我忙定睛看過去，確實是在那些高樓聚落當中出現一小塊空白。高處望去，看不真確那底下是什麼，但倒是引起我小小的好奇。

「既然不是高樓，我看可能是公園綠地，或是較低樓層的廠辦？」我試著回答家明的問題，但不知道他的重點是什麼。

「搞不好是住宅。走，去看看。」家明看似胸有成竹，我們便回到車上開過去一探究竟。

我們沿著園區中心的幹道由裡往外走，真正說起來這園區的發展是由外圍開始的，隨著越來越多的企業與商家進駐，心臟地帶才逐漸慢慢形成園區該有的氣勢與規模。相對之下外圍的前期建築便顯得比較老舊，比較不那麼氣派；可見短時間內這園區的發展與變化之快，不過幾年內便已換過一種面貌。

這幹道的尾段是一個上坡，開過了這個小丘陵之後就是要回到市區的道路了。我們在這個小丘陵的路旁再度停了下來。下車後我們比對了一下周遭的建築物，可以確定這就是剛剛在橋上看到的那一塊天際空白之處。果不其然幹道旁的巷子進來沿著丘陵是一大片公園綠地，巷子的右側是一個住宅社區。

確實是有點突兀。在左右都是園區廠辦大樓的當中，竟坐落著這片綠地以及僅十餘棟的透天住家。我跟家明站在巷口端詳著這小型社區，由外觀上略顯斑駁的外牆看來，恐怕是園區剛開發好尚未成形便蓋起來的第一代豪宅。四層透天的獨棟別墅，棟距並不算太大，社區入口處深閉的大鐵門爬滿了藤蔓，中庭也因此顯得幽暗深沉。

我猜想現在別墅的主人們不知道是不是已經後悔了。怎麼好好的別墅區被夾在吵雜的廠辦大樓當中呢，社區門口臨著的還是幹道，怎麼看都不像是一般別墅住宅該有的靜僻與清幽。想必是蓋得早，沒料到後來兩旁的土地會蓋起大樓吧。我跟著家明沿著巷子慢慢踱步進去，走上小小的坡地再看，綠地的另一頭又是十幾棟的別墅區。這下我有點明白了，應該是這一片坡地不適合打地基蓋大樓，所以索性拿來作為公園綠地以及住宅區吧。我想這應是合理的解釋。

家明一直沒吭聲，我們算是已經繞進剛剛那群別墅的背後了，圍牆後有一大排的高樹密密地站著，家明只隨便看了那坡地一眼，便又面無表情地回盯著這別墅群。「你覺得如何？有哪裡引起你注意的嗎？」家明問我。這倒好，我還想問你呢！我不作聲，家明又道：「你有覺得這裡面……比較涼快些嗎？」

他這麼一說我倒是有感覺了，似乎走進這巷子裡空氣中真的透著一絲絲涼意，恐怕溫度都要比外頭馬路邊低個兩三度。雖說周遭是片綠地又有高樹環繞，但日正當中的，確實這樣的涼意有點不是很對路。

「請你把車子開進來吧。」家明邊跟我說邊從口袋裡拿出手機按著。他指著巷子裡那個下坡，示意我這裡應該是車道入口。手機接通了，我往車子走去，邊聽到家明說：「葉先生，是的，我是家明，我們到了。在車道入口，要麻煩你開個門。」

②

葉先生的家是地下室車道入口的第一戶。我們將車停入車庫，讓葉先生領我們走上一樓，穿過氣派寬廣的客廳往裏頭走到連著廚房的起居間坐定。這起居間的桌椅與擺設相當舒服平易近人，不似客廳那麼地拘謹壓迫，最驚喜的是一旁落地窗外頭的後院還挖了個養滿金魚的小池塘，隔著圍牆的後面是我們剛剛看到的那些高樹。這也算是別有天地了，葉先生的巧思足見他對這屋這家的用心。

葉先生把茶泡將上來，問我們是否吃過中飯了，我與家明其實都還沒吃過東西，但也客套地回道用過了。葉先生靦腆地開口：「關於小女的問題前幾天已經在電話裡跟您說了一些……很不好意思，其實拿到家明您的電話也已好一陣子了，但一直沒打給您……您知道我們一般人對這些事情是不大懂的……」

家明接口說：「葉先生這麼說就太多心了。邱董說過您是好朋友，蒙他不棄引薦我們認識，好朋友有困難說出來，大家幫忙商量商量也是應該的，您別太見外了。只是事情關乎您千金的身體狀況，為慎重起見必須登門拜訪，今天冒昧叨擾之處還請您多包涵了。」我沒出聲，這些背景我也是此刻方知，便仔細聽聽是什麼事情困擾著葉先生與他的女兒。

「唉……」葉先生嘆了口氣開始說：「小女的狀況時好時壞也拖了大半年了，剛開始是晚上在家裡偶爾會聽到吵雜的人聲，後來聲音慢慢越來越清晰，已經可以聽到說話的內容了。起初我們以為是她課業壓力太大精神緊張引起的，小女過完這個暑假就要升高三了，課業上私立學校逼得很緊，我們只讓她多休息多放鬆，以為就會沒事的。」

家明鼓勵他繼續說下去：「那麼後來呢？」

「後來沒想到是連在學校裡她都聽得到那些說話聲音，聲音出現的次數越來越頻繁，說話的內容也越來越清楚……越來越狠毒……」

「那聲音都說些什麼呢？」我忍不住插口問。

葉先生似乎有些不好啟齒，猶豫了一會才慢慢說：「都是一些難聽的咒罵小女的話，例如妳好笨妳好醜，妳是個廢物醜八怪之類的……」

我倒抽一口冷氣，這未免也太令人同情了；一個十幾歲的小女生，成天在耳朵邊聽到有人罵她笨罵她醜！

「這麼維持了多久？」家明問。

「沒幾天小女就近乎崩潰了。我們立刻帶著她看了好幾家大醫院的精神科，連心理醫生腦神經專科都看過檢查過了。醫生還是我內人娘家那邊親戚介紹的，她們家裡出了好幾個醫生。看完精神科身心科，都說是精神壓力與重度憂鬱症之下引起的幻聽，住過院，也吃了很多藥。」葉先生越說越是沉重，他緩緩點起菸抽了兩口，長長地長長地將菸吐出，彷彿也想將心中的鬱塊一併吐出似的。

「那麼令千金之前有憂鬱症囉？」我試著舒緩一下凝重的氣氛，也希望葉先生趁著這機會一吐為快。

「根本沒有！生病前她一直是個貼心乖巧的女兒，雖然不特別活潑外向，但也是個女孩子家本該就有的文靜，根本談不上什麼憂鬱症啊！反而是吃了那些藥以後整天昏昏沉沉地，精神狀況反倒變得很差，學校三天兩頭請假，到後來甚至一直關在房間裡昏睡，連房門也不大出了。

「我看著好好一個女孩子，每天吃那麼多精神科的藥，吃到雙眼都發直了。可是吃了藥好像聲音就不見了，我也不敢叫她別繼續吃，唉，我也不知該怎麼辦才好啊……」葉先生又重重地嘆了一口長氣，才看向家明又說：「就是那時候老邱把您的電話給我的，他說或許我應該找您幫幫忙……可是，唉！怎麼說呢，這些事我們是不懂的，只好敬而遠之了……」

我有點不是很高興，都已經這種情況了，他為人父母的不著急嗎？都說病急亂投醫，但難道他連嘗試看看都不願意？到底是他的面子重要，還是女兒的健康重要？「那後來葉先生怎麼會又打電話過來呢？」我存心擠擠他。家明似乎滿不在乎，但我實在不是很舒服。

「上個月那些聲音突然又出現了。而且這次，更多人罵她，罵得更大聲更狠毒。小女說，那些聲音一直叫她去死，一直逼她快點去死一死……」葉先生低下頭來把臉埋進雙手裡，又慢慢地說：「到後來小女說連手機裡都會時常出現叫她快去學校屋頂跳樓的簡訊，我叫她拿來給我看，她說那些簡訊她看過之後就會自動消失……我真的也慌了，不知道到底是真是假，只好又帶回去看精神科……我覺得連我自己也都快要發神經了。」聽到葉先生開始啜泣起來，我感到事態真的不妙，趕忙遞過面紙給他，邊輕輕拍著他的肩膀，希望他可以稍稍平復些。

他抬起頭深吸一口氣又說：「這回醫生說這種程度的幻聽與幻覺，已經可以確診是初期的精神分裂了……那天在醫院，我一聽到醫生這麼說，當場眼淚就掉下來……我女兒才十七歲呀！十七歲啊！我想到她這輩子怎麼辦哪？是不是整個人生就毀了呀……是不是啊……」葉先生又開始哭泣起來，對比我們剛進門時他因為過分客套而顯得的距離感與自尊，現在似乎只剩下一個心碎的父親了……。

我也抽起菸來，家明端起茶喝了一口，我們一起靜待葉先生平復過來。家明說：「葉先生您別太早放棄了，說不定事情還有轉機的。您要堅強起來，越是這種時候令嬡越是需要您給她依靠，這事大家可以一起想想辦法的，您別這麼悲觀，總是還有希望的。」我不很確定家明這麼說只是為了安慰葉先生，還是他真有把握事情會有轉機，但我想我對家明是有信心的。

葉先生擦了擦老淚問道：「依您看，有什麼辦法呢？」家明冷靜地說：「令嬡若是在家，方不方便讓我們見一見？」

③

葉小姐的房間在三樓有著大片落地窗與陽台的閣樓。她是個瘦弱的小女生，不知道是藥物的作用還是這些幻聽幻覺的折磨，她顯得過分的消瘦過分的蒼白。她躺在床上兩眼渙散地朝向站在房門口的我們三人看過來。「爸爸……」她有氣無力地叫著葉先生。

葉先生走過去坐下來撫著女兒的額頭輕聲安慰道：「小芸，沒事的，他們是爸爸的朋友，他們是來幫助妳的，妳很快就會好起來的。」

家明走近葉先生父女倆，爽朗地說：「妹妹妳好，妳叫什麼名字？我叫家明。妳願意跟我說說話嗎？」

葉小姐勉強掙扎地坐起身來，先看了看爸爸，再對著家明緩慢地說出幾個字：「我……我叫葉小芸……」

我也想走過去打聲招呼，但葉小芸一坐起身來我頭皮就快炸開了。

葉小芸的頭上密密麻麻地圍著一團蜜蜂似的物事團團轉，那既像是蜂群又像是黑霧般的物事非常濃稠密實，在她頭上快速轉動著，包圍著她的頭頂。我感到一陣噁心想吐，雞皮疙瘩立滿了雙手，全身一陣陣冷意不斷襲來。

我靠著門板，胃裡濁氣不斷上湧，強烈的嘔吐感非常不舒服。到底是這房間還是那團黑霧似的物事引起的，我分辨不出來，只想快點逃開。

家明跟葉小芸說了一會話，我沒心留意他們說些什麼；只見家明從口袋裡掏出什麼握在手裡比向小芸頭頂上的那團物事。我看到那黑霧似乎轉動的更快了，也向外擴散開來變得稀疏了些。隱隱約約，我彷彿在轉動的稀疏黑霧當中瞥見好幾張猙獰的臉孔！真要命，原來那團黑霧竟是一張張醜陋的臉孔聚集成形的！我覺得我已經快要支撐不住了。不知道這些日子裡葉小芸受著怎麼樣的摧殘又是怎麼熬過來的……。

就在我快站不住的當兒，那團物事突然像一陣黑煙從小芸床邊的落地窗急速竄了出去。我好像看見葉小芸的頭頂上有什麼發著微微亮光的東西飛進家明握著什麼的手裡旋即消失了。隨著那團黑霧的離去，我稍稍輕鬆了一點，就連小芸的臉色都比方才好看多了。家明慢慢開口：「葉先生，現在我要握著令嬡的雙腳，可以嗎？」葉先生看著臉上稍有血色的小芸趕忙說：「可以可以，沒關係。」

家明走到床尾掀開被子，露出一雙葉小芸的光腳丫子。家明往他的雙手各呵了口氣，說聲失禮，伸出手心抵住小芸的雙腳大約是湧泉穴的部位。就這樣，沒一會小芸已經緩緩閉上雙眼又躺下睡去，整個房間一片靜默，但充滿著緊張不安的氣息。過了約莫半炷香的時間，突然聽到小芸出聲呢喃著：「好熱，爸爸，我好熱……」

葉先生正作沒手腳處，家明放開小芸的雙腳甩動著他的雙手說：「總算萬幸，小芸現在暫時沒事了。」葉先生似乎欲言又止，家明又說：「葉先生，方不方便請你帶我們看看，參觀一下您家裡？這邊先讓令嬡好好休息。小芸，妳安心睡一覺，沒事的，不會有人再吵妳了，過兩天我再來看妳好嗎？」

於是葉先生走在前面領路，家明與我在後頭跟著往方才進來的地下室車庫走。家明走在我後面一手搭上我的肩，頓時我覺得清爽多了，一陣暖流傳來，那股嘔吐感也就慢慢退去。

三樓除了葉小芸的房間之外，還有一個客房與衛浴間以及一個小小的衣物間。二樓是葉先生的超大主臥以及兼當辦公室的書房。我們沒在這停留太久，約略地粗看過便算。

到了地下室，家明站在樓梯口仔細端詳這個空間。過了一會他說：「不好意思，葉先生，我突然有點口渴，能不能麻煩您再沖泡新茶？」葉先生趕忙迭聲說好，回頭往樓上走，我知道這不是家明一貫的作風，他必是有意支開葉先生。

果不其然，家明走到臨著停車位的空牆前站定，接著對我招了招手。

我走過去一瞧：這空空的牆面上竟然硬生生嵌著一道大門。

非常沒來由地，極強烈的直覺告訴我，這是一個出入門戶！

家明走到車庫鐵捲門旁邊按下按鈕。

鐵門拉起，我們一起走到車道上。

抬起頭正面對著我們的是剛才開進來的下坡道。又是一陣暈眩與煩躁湧上。

往左方望去，車道左右兩旁分佈的是各個相同大小的車庫門，沿著這一條十餘戶共用的車道，便是所有住戶各自的車庫與出入口。

一網打盡！我又冒出一個強烈的直覺。我不喜歡這樣。

家明朝正對面的坡道望了望，再轉頭盯著葉先生家的車庫大門，又走進去裡頭瞧著牆上嵌著的那道門。家明伸出手在那門上輕拍了兩下：「走，我們上樓。」

葉先生正端著剛沖出來的茶招呼著，我們便取了茶杯穿過一樓的大客廳走出葉家大門。由一樓門口望出去剛好又相反了；方才在地下一樓，葉家是入口的第一戶，這會來到一樓，葉家卻是中庭盡頭的最後一戶。說中庭其實還說大了，那只是一個公共空間隔開兩排對門而望的住戶，中間仍是不免流俗地種植了許多造景園藝與大型盆栽。中庭的那頭就是方才看到爬滿藤蔓的鍛造鐵門。說也奇怪，日正當中的晌午，這中庭竟感到有些陰涼，是周圍的樓房擋住了日頭，還是中庭的綠意吸收了熱氣？此刻由這個方向遠看過去，那鐵門的感覺又與方才極不相同，似乎這門擋著的……是裡頭的人？

有進無出！又是一個直覺浮上來。我甩甩頭。

葉家由於是最後一棟，所以順理成章地連著圍牆的那片空間都變成私人用途。葉先生在那搭了個掛滿植物的露天棚架，其下擺放了一組戶外桌椅，想必是個有情調的主意，但我懷疑他一年能在這棚子底下乘涼幾回。

葉先生拿了抹布在桌椅上抹了抹，我們便乾脆在這坐下繼續談。家明先以稱讚這房子的裝潢擺設地段房價為開場，才開始深入了解葉先生一家在這住了多久，什麼緣由下買入的，以及周邊鄰居的相處情形。

我想即使是葉先生都可以感覺得到家明談話的重點是這房子。他略帶試探地問家明：「您問起這些，難道小女的病跟這房子有關？是風水不好？還是犯了什麼沖煞禁忌？」

這下我倒替家明犯了難：要是當著葉先生的面，直說他這價值不斐也投入相當心血營造的豪宅別墅「風水不好」豈不是當面得罪人？這未免也太白目了。但要說房子沒問題……偏偏那地下室與這中庭處處透著邪門氣息與幽閉味道，我幾乎沒法想像要是晚上到這來再看一遍又會是什麼模樣。

葉小芸的精神分裂果真與這房子相干嗎？

只聽家明緩緩說：「葉先生，俗話說福地福人居，凡是吉人自然有天相的。令嬡的病我這麼說您別見怪，其實沒有實際看起來這麼嚴重，我有把握一定沒問題的。至於府上，如果您與尊夫人同意的話，我倒是有些建議想法。您與她感情不睦，常常沒來由地吵架鬧彆扭也有一段時間了吧。」

葉先生張大了嘴：「啊？是、是，我們分房睡也一年多了，明明沒什麼大問題，可是兩個人之間越來越冷淡……常說不上兩句話就吵起來……您怎麼會……」

家明接口說：「葉先生，我必須跟您說實話，您的夫妻問題與令嬡的健康狀況確實是跟房子有關係的。不過您不用擔心，情況並不嚴重。有些地方略為調整調整就不礙事了。比較為難的是……」

葉先生忙道：「有什麼話家明你直說就是了，沒關係的，不為難。沒有什麼事比小芸能好起來更重要的了。」

家明訕笑著說：「交淺言深，要是引起什麼誤會就不好了。府上的問題我心裡有底，要是蒙您與夫人信任允可的話，好不好給我三天準備點東西，三天後我再到府上打擾。」

一直有點瞻前顧後欲言又止的葉先生也突然明快了起來，果然生意人精明，蠟燭一點就亮：「好，那就全權麻煩家明你了，有什麼需要我們幫忙配合的地方儘管說，千萬不要客氣。」

離開葉宅的路上我問家明，怎麼會知道葉先生夫婦感情不睦？

他說這還不簡單：「三樓客房一看就是有人睡的樣子，擺的還都是男子衣物，想必葉先生已經跟他太太分房睡了。」

這傢伙！

④

趁著記憶猶新，我與家明就近在園區裡找了間餐廳，坐下來討論葉家的狀況。

我拿出紙筆，與家明就著鮮明的印象開始慢慢畫出葉宅整個社區與四個樓層的平面圖。我們一筆一筆慢慢地勾勒出整個大格局以及裡頭的小格局，沒想到卻也一步一步漸漸地踏入一個令人怵目驚心的景況。

家明說過，任何事物的發生都是一個極複雜的動態系統，必定是經由眾多成因變數互相影響交織而成的結果，鮮少有單一因素影響全局的例子。這贅口的長句以簡單的用語來說就叫作：「因緣俱足」。

只是葉家這因緣俱足所呈現出來的相貌，並不屬於令人心情愉快的那一類。

家明讓我去調查三件事情。

第一件是查證在許多許多年前，遠在園區出現的更久遠之前，葉家社區所在與其周遭的那片公園綠地，是否曾是一大片墳墓區。

家明話剛說完，我突然感到一陣莫名的心慌，我想到剛剛在葉家社區的所見所聞，還有好幾波沒來由的突兀直覺。我把我的感覺跟家明說了，他臉色凝重一時無語，默默端起水杯慢慢地喝著。

喝完水，他拿起紅筆在紙上開始畫著記號：「這整片坡地依我所見，過去必定曾經是個墳墓區的。你記得我們小時候還偶爾可以在學校旁、公園邊或是新蓋好的社區附近，看到一些譬如說是土地公，石頭公，甚至大眾爺的這些小廟？老一輩的建商都算有良心的，還維持著這種悠久的古風……」

是什麼呢？我不懂家明意為何指。

「早期老一代的建商都還是殷實的作風，開發整地要是地底下挖出整片無主孤墳的，甚或是整批公墓遷走另葬的，必定會在舊址附近尋一個處所建一間小廟。或許是祀奉保境安民的土地公，或許是鎮煞辟邪的石頭公，甚至還有蓋為大眾爺廟直接祭拜這些原地方的舊主人，讓他們不致連個遮風擋雨的落腳處也沒有。這是一種對原址舊人的尊重，也是保佑這些買了他們房子的新主人居家平安，維持地方的安寧。」

這種舊例我還是第一次聽說，但仔細一想，都更不也是這樣嗎，不肯搬遷的釘子戶總是會弄出點風波來的。其實說穿了不就是對先來者缺少了一份尊重的厚道。原來這種事冥陽兩界都一樣的。

家明又道：「我剛在高架橋上由遠處望過來，這整片地在園區裡就顯得特別突兀出奇，到現場一看這地氣完完全全是一大塊後天陰地，周圍也沒看到有特別興建什麼小廟以容前人的，我心裡就知要糟，這整片地恐怕住不得人……」他拿起筆首先在葉家地下室車庫旁我看到的那個門畫了個圈。「不是說生命總會找到出路的嗎？就在這裡，開了一個門戶，是他們的出入通道。」

我感到不寒而慄：「你是說……他們是……」

「對，那些原本就居住在此的。墳墓雖然遷走了，但還在的依然還在此。而且經過數十年下來的浸淫，這塊地的地氣只有越來越陰，越來越凝固，也慢慢聚引了更多新的一同來住。如果不開發倒也相安無事，但地一整房子一蓋，我想恐怕是引起了嚴重的騷動了。就在這裡，他們開了一道門可以自由進出。」

「為什麼開在這呢？這社區那麼大。」我問。

「先天已經不足，後天又嚴重失調。」家明沿著那門畫了一道紅線到社區車道的入口。「這個下坡道偏偏正對著葉家車庫門，這是一個路沖夾對門煞，上頭的整個路沖與煞氣都一股腦地灌進葉家，這煞氣與陰氣的匯集點剛好就在葉家的車庫裡，門開在這裡真的是再恰當不過的地方了！我看他們，並不簡單。」

餐廳裡的冷氣開得並不算強，但我聽家明這麼一說，心裡頭背脊上卻透著一陣涼意，跟剛剛站在葉家社區中庭的感覺差不多。我突然想到一件事，指著圖上整個地下室車道又問家明：「我剛剛站在葉家車庫門口面對上坡車道時就感到一陣煩躁不安與焦慮，就因為這裡是交會點？」家明點頭。我又急道：「可是我剛轉頭望向其他住戶的時候又有個很不好的感覺啊！」

家明拿起紅筆又畫了幾條線，由那出入門戶為起點，沿著中央車道畫起一道粗線直到另一端的盡頭，又從車道粗線上畫出幾條分支線射向所有住戶的車庫門，像是人體血管大動脈與小動脈的支流，又像是樹葉上主脈與旁支分脈的分佈圖，然後慢慢說：「偏偏地下室的車道又是這樣規劃的，豈不是方便了由這門戶出來的，剛好順著這通道一一登堂入室！」

我張大了嘴，毛骨悚然，心裡又浮出一網打盡這四個字！

家明接著說：「所以你要去查第二件事。你想辦法探聽看看，這社區住戶裡的下一代，尤其是小孩子，是不是都有精神方面的問題！」

「啊？」我嘴張得更大了。「家明你是說葉小芸的精神分裂是……？」

「小芸的病算是個意外的插曲，其實並不嚴重。如果換成別人來住，或是小芸住到別的地方去，都不會變成這樣的。」家明如此篤定說著。「凡事都是個複雜的動態系統，一定是各種條件都俱足了的。小芸是個特殊的孩子，她身上帶有某個特殊的東西，有特殊作用的。只因為住到這房子裡碰上了他們，這東西才被刺激出來提前啟動想要自保。可惜小芸年紀太輕，也根本不會使用，自保不成還招引來更多他們纏著她作祟。我剛把她那個東西先收進來暫放，他們一時是不會為難她了。只是小芸的精氣神抵擋了這麼久，早已耗盡了，身體健康的部分不算大問題，慢慢調養就好了。」

「這麼說小芸的事，還算是簡單的了？」

「簡單與否是相對的。跟這整個社區的問題比起來，小芸的事算單純多了。」

我又問家明：「可是我要怎麼查其他家庭的小孩啊？」

家明揮手道：「這個不難。我想讓你查的第三件事，就是住這社區裡的男主人是不是非富即貴，而且我看住進來以後還繼續大發特發青雲直上。我想住這裡的名人應該不少，你來查應該不是太困難。」（後來經過我的查證，這別墅社區裡住的不是企業大老闆，就是半官半民機構或社會團體的負責人，甚至還有演藝圈的名人，既然都是社會名流，要繼續追查他們下一代的情況就比較有頭緒了。果不其然，不用費多大力氣，在網路上就查到許多則新聞報導是關於這些名人子女的，其中有幾名是發展遲緩必須受特殊教育的，也有重度智力障礙的。）

家明指著圖紙又繼續說：「你不要忘了，這社區大門口是緊臨著園區幹道的，這整片園區的財氣與旺氣也全都隨著這幹道流動，有部分根本是直灌進這社區裡來的。這社區中庭盡頭剛好就把這些個繁華發達的財氣都收納進來穩穩地蓄積著。所以我看這些別墅的主人，住進來的這幾年裡恐怕就算成天躺在家裡睡覺都要升官發財。」我暗想這可不用查證了：就看這近十年來園區的蓬勃發展，產值不斷增加，這個園區裡「得天獨厚」的別墅區的地價與房價這麼多年來只怕翻了雙倍也不止！這可不是躺在家裡睡覺也要發達嗎？

我突然又想到一件事，便問家明：「所以這社區的風水問題只妨礙到小孩子的精神狀況嗎？」

家明回答我道：「這房子裡頭內部設計的格局，尤其是二樓的大主臥加上書房，是極利乾造卻不利坤命的。女主人要嘛就是身體或有不爽或是精神情緒不佳，總之住起來不大順心。嗯……」

家明繼續沉吟道：「這樣就合理了，男主人事業發達一定非常忙碌，就冷落了女主人莫名難以言說的心事，再加上要煩惱下一代的精神健康問題……嗯……這樣就全都套上了。」

「你是說每戶都會這樣？」

「嗯……不完全是，但也只是程度的問題，我看相去不遠，其中還以葉家的情況最為嚴重。」

我忽然發現家明遺漏的一個大重點，非常心急，甚至有點小得意地大聲跟家明說：「那我們除了要跟葉先生說明問題所在之外，還要快點通知他的左右鄰居啊！你除了要調整那些風水問題，更要幫忙處理那些精神出問題的小孩們！這不是很重要嗎，整個社區都面臨一樣的問題啊，你剛說地下室的車道剛好方便讓他們登堂入室進去搗亂，那我們更要去幫幫那些無辜的小朋友跟媽媽啊！」

我感到心頭一陣義憤填膺，熱情澎湃。這種見義勇為又於人有大益處之事最讓我躍躍欲試。如果一次可以幫助這麼多家庭與小朋友那真是不虛此行了！

家明端視著我，好半晌沒說話。我被他看得整個人渾身不自在，好像我剛說了什麼荒誕不經的話似的。

他緩緩開口：「好啊，你快去跟他們說吧。是要敲門說還是按電鈴說呢？」家明看著我問，我傻傻地愣在當下。家明的意思是……？

霎時間我明白了。這是不能說的，這怎麼說呢？我難道真的一一敲門去通知葉先生的鄰居們他們家蓋在陰地上，地底下的開了出入通道如入無人之境在干擾著他們一家人？難道我真的逐門逐戶去把所有的小朋友領出來讓家明看看，或是讓家明挨家挨戶一間一間去查看他們的房子？我知道我熱血衝腦，犯傻了。

家明略帶同情地看著我說：「你懂了吧？這事沒法說的。他們不把我趕出來也會報警的。我連葉先生都不打算說的……」

我發急了：「怎麼會連葉先生都不能說呢！」

家明回我道：「這房子對葉先生的事業與財富都是絕佳的助力，要是真的告訴他實情，你猜他會信嗎？況且不論相信不相信，對他都是極大困擾的，我又何必在人家心頭上留下個陰影，讓他以後住得不安穩是吧！我們只要好好幫他把小芸跟地底的問題解決就好了，其餘的多說無益啊！」

雖然我明白家明的道理，但我仍不服氣為什麼不可以說。本來就要盡告知義務的呀，當事人當然有知情的權利！我正想拿出捍衛新聞自由擁護知的權利那套來爭論的時候，家明繼續耐心地勸阻我：「這不是新聞好嗎，你記者的職業病犯了，那一套道理不適用在這事上頭的。說出事實真相，只是滿足了你自己誠實告知的自私需求，但對當事人會帶來多大的傷害跟困擾？你想一想，我們是來幫忙解決問題的，不是來製造更多混亂跟問題的。」

我試著咀嚼家明的這段話，還品不出個什麼味道來的時候，家明又神色憂心地說：「你也別爭這個了，我真正煩惱的還不是這個……」

「啊？還有什麼比葉家的問題更麻煩的？」

家明搖搖頭說：「那道門，我下回去就把它封住。可是……唉……住那下面的並不簡單，難保爾後他們不會又跑到誰家去再開一道出入門戶……那時候局面會變怎麼樣，誰也不能逆料……而且……我們恐怕也幫不上忙了……唉……封了這處，等於是我把他們逼到別人家裡去啊……我只能到時候盡量想辦法先防著了……」

我第一次在向來篤定沉穩的家明臉上看到這些憂心忡忡與嘆息煩惱的神情，腦海裡又浮現出那地下室車道旁一個個車庫大門的畫面，不知道下回門要開到誰家裡去……我突然真正體會到家明無計可施左右犯難的苦惱。

家明重重地嘆了口氣，我倆拿起桌上的水杯，彷彿是舉止失措不知怎辦只好喝水似的，一起大口喝起水來。餐早就送上來了，我們把餐盤挪到旁邊擱著，胸口壓著偌大一塊石頭，誰也沒有吃東西的心情。

5

三天後我們又回到葉宅。依照家明事前的吩咐，葉先生已經帶著太太及小芸前一天先走避到別處。我們花了將近一整天的時間才總算完成對整個葉宅所需的必要調整與處置。果然是個大工程，累壞了家明跟我。接近傍晚的時候，葉先生他們回來了，家明握著小芸的手一句一句慢慢地跟她說話。葉太太在一旁陪著，雖說我們是第一次見到葉太太，但很明顯她對家明有極大的好感與善意。

家明又與葉先生夫婦單獨說了好一會話，我們才辭了出來。上了車要駛離葉宅的時候，我臨上車前又望了葉小芸一眼，看到她青春的臉龐終於露出與她年紀相仿應該綻放的微笑，揮手笑著與我們道別。我心中閃過一絲說不出的滿足與快慰，然而充塞其中的卻有更多的惆悵與遺憾。

我們沒有立刻遠離，穿過園區經過河堤，車子在堤外的河濱公園停了下來。

這時已是日暮時分，西沉的夕陽只剩下小半個還掛在遠遠的天邊，天空變幻的雲彩中映著燦爛的晚霞，晚風陣陣吹送十分涼爽，我跟家明就地躺了下來。

身旁聞得到濃濃的泥土與青草的芬芳氣息。我們吹著晚風，看著夕照似錦的寬闊天空，靜默無語，沒有人開口說話。

我心事重重、惆悵滿懷，自然也沒有心思尋什麼話頭來說；家明就不一樣了。我看他交手枕著頭眺望天空，氣定神閒一派清爽自得的模樣，似乎在享受著這自然環境的風光。

良久良久，家明凝視著天空開口說：「我知道你心裡頭不痛快，是吧？」

我沒有答腔。

家明仍自顧自地說著：「一切都要因緣俱足才成的，眾人有眾人的緣法，不是我們可以率性而為的。我也有我自己的緣法，我也在我自己的因緣當中流轉著，直到俱足的那一天。天地之間的奧秘這麼多，我們的智慧這麼卑微渺小，要強求諸行圓滿根本上是不可能的。我也只能隨順因緣，憑著自己的本心，盡自己的力量來做就是了。

天體運行，日月相推交替，這本是不變的法則，但就連日月都有陰晴圓缺的呀！這人間世，本就是充滿遺憾的，也因為如此，很多事物才更值得珍惜。其他的，何妨謙卑一點，就留給老天，留給因緣吧！」

夕陽已經完全西下了，晚霞逐漸黯淡散去，用盡這人間世一切財富，也留不住片刻的良辰美景。又有什麼方法能將所有遺憾，還諸天地？我轉過身去，不想讓家明看見我悲欣交集流出的兩行眼淚。

兄弟良醫

「能把自己的心醫好，才是一個偉大的醫生。你很幸運，你不是得病，你是得到一個重生救贖的機會。記住，還有很多人的心，等著你去醫。當你把別人的心醫好了，你自己的心同時也就醫好了。記住，當你的心醫好了，你的病，也就不藥而癒了……」

很久很久以前，有兩師兄弟同門學藝。名師底下雖門徒眾多，然此二人分外投緣分外交好。學藝過程歲月茫茫光陰漫漫，種種千辛萬苦的艱辛與血汗不在話下，幸好這二人於師門當中彼此砥礪相互扶持，實在可算得上是過命的交情，異姓的手足。

時光荏苒，春去冬來，也不知過去多少寒暑，師兄弟二人藝業終有小成，亦深獲師長的讚許與認可。這一日師弟按捺不住心中蠢動已久的凌雲壯志，便欲向師尊稟明心中期盼已久，待學藝有成，將往山下塵世成就一番功業的想望，也不負眾師長的朝夕教誨與自己的一身所學。

師尊面前表明心跡，這師弟顯得豪氣干雲，雄心勃勃。雍容大度的師尊雖暗自嘉許弟子的用心，卻也不忘叮嚀提醒：「青年人有想法有企圖固是不壞，但山下江湖險惡，紅塵濁世不比師門獨立遺世的平常，莫不要一味想頭，忘卻了成功立業必經的種種艱難考驗與重重難關更甚學藝之時呀！」

這師弟雖明白師尊的囑咐實有深理，然心頭的熱火一時也不容澆熄，正欲回話時，那師兄突然越出眾人，走向師尊面前拱手道：「師尊諄諄教誨苦心難報，今師弟有心做一番事業，弟子願往護持，成彼功業光我師門，以報師尊恩德！」

師尊笑道：「哦，你倒有一番道理！你能誠心護持不畏艱辛，勘任勞怨？」

師兄看了身旁感動萬分的師弟一眼，向師尊揚聲道：「弟子願往！」

師尊露出慈祥的面容再次囑咐道：「那好，便去成就你師兄弟二人情義相挺的一段佳話。功業成與不成且不去說它，只盼你二人莫忘卻彼此成就的初衷才好！」一揮手又向那師弟說：「此去種種干戈艱辛，好生挺住了，磨練是為了成器，別辜負你師兄一片護持成就的心意！」

①

我跟家明站在這草藥攤子前，接過老闆遞上來的兩大杯青草茶，果然是道地的消暑美味，我大口大口地很快喝完又要了一杯，端著杯子與家明慢慢踱步逛著這條街。這街的一頭是熱鬧吵雜的夜市，我與家明剛光顧了五六個攤子，飽餐一頓後，正需要走走路消化消化。我們信步走到這街的另一頭，竟然這半條街滿是草藥舖子。我還是頭一回發現這裡居然有這麼多門口堆滿了草藥的店家，一時嘖嘖稱奇。家明端著青草茶邊喝邊逛，偶爾駐足下來看著店家張貼的種種藥草功效說明，偶爾與店家攀談幾句，我們兩人雖然外行，倒也自得其樂。

走著走著，家明突然停步下來。

我們停在一戶四片木門緊閉的店家前，這條人聲鼎沸的老街都是這種古式樣的建築不足為奇，但在熱鬧的夜晚，熱鬧的街上，這家店鋪卻是四門緊閉一片灰暗，明顯應是停業多年了吧。

家明背對著店門站在騎樓下，看著路上川流的行人，慢慢地一口一口喝著他的青草茶，彷彿若有所思。我也不去管他，又跑去買了一杯苦茶回來。卻見家明皺著眉頭對我問：「你有去過監獄嗎？」

雖然說我是社會線記者退下來的，但坦白說監獄我還真是一輩子也沒去過。家明隨便這麼一問，還真有點把我問傻了。

「怎麼你想去監獄啊？去幹嘛？」

「當然是去探監啊，難道去看電影嗎？」家明說。

「喔，探誰的監？」我喝一口苦茶，果然苦中帶澀，滋味不甚美好。

「我也不知道。」家明臉不紅氣不喘地回答我。

我還他一個「啊？這像話嗎」的眼神，繼續問：「你不會連要去哪個監獄也不知道吧？」

只看家明結結巴巴地說：「嗯，應該是女子監獄吧，在北部的。要快喔，恐怕再一個多月就見不到了……如何，你有辦法嗎？」

我看著家明，忍不住要虧虧他：「大哥，如果法務部長是我表弟可能就有辦法了好不好！可以再多給點線索嗎？北部的女子監獄我曉得就那一間，但裡頭成千上萬的受刑人，你是要見哪一個？何況我們跟人家非親非故的，就算知道了要找哪一個，說不定人家還不想見我們這兩個莫名其妙的呢！」

「好，那我再問問。」只見家明閉上了雙眼，我這才明白原來又有事找上門來。在這熱鬧的夜市草藥街上，難不成又有什麼奇遇？

家明很快張開雙眼說：「女的，三十左右，可能是煙毒犯，應該再一個多月就假釋了。你能想辦法安排我們見上一見？」

我腦子很快地動了起來，但家明給我的資料實在相當有限。而且我知道關於獄政管理的這些人對我們記者都沒什麼好感，不大跟我們打交道的，所以在這方面我也沒累積什麼人脈可用。最快的方法就是知道受刑人的姓名，直接去辦會見，要不然人海茫茫教我從何查起。我跟家明說了我的想法，家明說：「這麼仔細具體，對方是不敢講的。這樣吧，有緣查得出見得到，便是我們的事。要是查不到，也盡力了，那就當因緣不成熟，不關我們的事吧。」

我想想這樣其實也挺好，凡事留點餘地給老天作主。先盡人事，再聽天命。不管找上來的是誰，又為了什麼事，能成不能成也不是我們能自專的，就看看查得順不順利，再看著辦吧。

②

我想了好幾個辦法。首先可以打著記者的名義，有關於假釋制度的報導需要採訪幾位正在申請假釋或假釋剛剛通過的受刑人，但這辦法馬上就被我自己推翻了：監獄當局對這種議題很敏感，而且這種採訪請求一定是透過正式管道由新聞媒體行文給管理當局的，我這過期的假冒身分可經不起求證，也拿不出公文。

那麼以碩士研究生的身分，假借「煙毒犯假釋後再犯機率與性別的關聯性」為題之論文寫作名義，需要訪談數位女性煙毒犯受刑人？就算我找得到不怕死願意陪我一同前去欺騙公務員的研究生，只怕我也不知道受訪的是不是家明要找的人。我又問了幾個這條線上的同事與舊識，大家給我的回覆都差不多：光明正大進去探監不難，至於能不能見到要找的人，恐怕要進去了才知道。不管我編出多少理由名目，都是漏洞百出，而且最後這個問題都無法克服。

我打電話給家明，想跟他商量我遇到的困難，他電話沒開機，我在他語音信箱裡留了話，大致說明我的想法跟考量點，就去忙別的事了。

一直到隔天，家明才有回音傳來，他用的是簡訊：「記得那家沒做生意的藥草店？試試看跟左右鄰居打聽老闆的女兒。」

原來事情跟那家四門緊閉燈光灰暗的老店鋪有關？

我立刻動身前往現場，憑著印象找到那間鋪子。這時已是華燈初上傍晚時分，街上人潮還沒出現，店家們似乎沒事正等待著不久後即將開始的忙碌夜晚。

在路上我已經想好了好幾個藉口用來跟店家打聽消息，如果這麼簡單的事還搞不定，那我這幾年記者真是白當了！但沒想到我遇到的第一個鄰居就相當健談，我準備的理由竟一個也沒派上用場。真是人算不如天算！

我在老舖隔壁的店家買了杯青草茶，在店門口邊喝邊跟老闆娘攀談：「老闆娘你們隔壁這家是賣什麼的啊，怎麼我上次來沒開，這次來也沒開哩？是沒在做生意了喔？」

老闆娘出乎意料的爽朗：「哎呀，那家已經關十幾年了啦！以前除了賣藥草還是開中藥的喔，人家以前生意好得很喔，還有中南部特地上來看病拿藥的哩！」

我接口問：「這麼厲害，怎麼會關門啊？」

「唉喲！」老闆娘嘆口氣說：「好人不長命啦！他們頭家後來長『拍咪啊』就過身了啦！」

「啊？是長什麼癌啊？」

「肝啦，肝癌啦！好可惜喔，人家頭家做人非常好的，天公伯唔公平啦！」

這老闆娘除了爽朗熱心還很重感情，念念不忘隔壁這舊鄰居的種種美好。由她口中我才得知原來這家老闆姓張，這年代久遠的中藥行是祖上傳下來的，除了替人看病開藥還兼營保健養生的藥草材料生意。兩夫妻帶著一個女兒，在這附近可相當有名；有名的倒不只是張老闆的醫術高明或藥材實在，而是張老闆還保留著藥店傳統，夏捨湯冬捨藥的古風，為貧困窮人們或是附近的街頭遊民治病看診，往往不收分文診金，還連帶免費贈送藥材，每年都舉辦好幾回的免費義診，或是發送藥草的義舉。說起來是個真正樂善好施熱心公益的仁者。

怎知造化弄人，這樣的大好人竟然得了癌症，沒兩年就過世了。張老闆遺留下來的寡婦孤女深受刺激打擊，意興闌珊之下，中藥材與藥草的生意也無心照料，沒多久索性就關上門不做生意了。聽說後來張太太就搬到郊區山上居住，專心種植藥草，賣給附近鄰居同行，只有送貨的時候偶爾會下山來跟鄰居打打招呼。那個女兒後來不知所終，只知道她沒跟媽媽一同遷居山上，似乎是母女倆後來處得很不好。鄰居說，那女兒本來極為乖巧孝順，後來交上了壞朋友不走正路才變壞的。到最後母女倆關係極為惡劣，那女兒三天兩頭不回家，回家就是吵架，鄰居為避免張太太傷心，談天時總是避開這話題，也不知道這女兒到哪去了。

真有個女兒那就好辦了，我在心裡暗自驚喜，也暗自嘆息這家人的遭遇。每回聽到這種積善人家卻有餘殃的故事總讓人扼腕難平。

我試著再問：「妳知道那女兒叫什麼名字，今年多大了？」

幸好老闆娘心直口快，一點疑心也沒有，便回我道：「怎麼不知道！她跟我大女兒小學還是唸同班的呢！」

拿到這些資訊我喜出望外，沒想到過程如有神助，一切進行得相當順利。總算要感謝張老闆當年的義行，至今仍為鄰居們所稱頌，這些背景故事打聽起來竟毫不費工夫。

我沒有立刻通知家明這些收穫，還有一件事要確認才行。

第二天我打電話到那所北部的女子監獄，佯稱是國外回來的僑民，不懂探監規定，也不清楚要找的人是不是關在這裡，只有受刑人的名字與年次不知道可不可以辦理會客。沒想到獄方的工作人員極為幫忙，不但幫我查證那張小姐確實收監在此，而且還證實了她的假釋申請確實已通過，即將在下個月出獄。我問清楚探監的時間與規定後，又再三地跟對方道謝一番，才掛上電話。

然後我又打了通電話給某「朋友的朋友」。這人本來要價是很高的，但幸好我很動用了點關係，攀上交情，加上要查的事對他來說是易如反掌，這才能夠一通電話就處理好。我要查的，是張老闆女兒的犯罪資料。

張小姐的前科紀錄只有一條，與同居男友因販賣毒品被捕入獄，判刑六年，因在獄中表現良好積分甚高，在刑期執行一半過後，第一次申請假釋便獲准通過。同案男友因是累犯，判刑十二年仍在服刑中。

這下可好，該蒐集的資料差不多都齊全了；連隔壁老闆娘不知道的，我也查清楚了。確實是有這麼一個人關在牢裡，她的背景故事也大略知道個梗概。我再一次感受到造化弄人的無奈與悲哀。行醫助人濟貧捨藥的張老闆卻因身染絕症而過世，是不是如此反諷的刺激太深打擊太大，反讓張小姐自暴自棄走上了與父親完全相反的道路？藥店老闆的乖巧女兒，後來竟變成了販賣毒品的煙毒犯，這話是該從何說起？

我無言嘆息。這簡直是一齣活生生的希臘悲劇。

整件事的大致輪廓已經很清晰，整個拼圖剩下的最後一片，便是家明為什麼要見張小姐了。這謎底我想等跟家明一起去見過她後，應該就可以揭曉。

我拿起電話給家明發了個簡訊過去。

③

張小姐身形不算嬌小，約莫一百七十公分。清湯掛麵的髮型配上她略顯滄桑的面容，依稀還看得出一點點清秀的模樣。堅毅的嘴角上揚，很明顯透露出性格上的倔強。

她在我與家明面前坐定，一開頭便問：「你們是某某的朋友吧？來找我幹嘛？」

我突然想起還沒跟家明說過，某某是她那還在服刑男友的名字，這會補充恐怕也來不及了；家明卻也不當一回事就回答說：「不，不是的。我們不認識某某。」

張小姐眉毛一揚便說：「那你們是誰？找我幹嘛？是不是弄錯了？」她回頭張望著，似乎想找管理員來問清楚。

家明鎮定地又開口：「沒弄錯，張小姐，我們是特地來見妳的。」

張小姐站起身來，一副拒人千里之外的態度說：「我不認識你們，也沒什麼好見的。」她轉身就要離開，確實是個脾氣倔強的女孩。

家明也站了起來，一個字一個字清楚地慢慢說：「是妳爸爸要我們來的。」

張小姐回過頭來，居然露出一個微笑：「我就說你們弄錯了吧，怎麼可能是我爸叫你們來的，他已經……」家明接口說：「他已經過世了對吧？」

張小姐臉上的笑容慢慢凍結住，她張著嘴巴緩緩地坐下才又說：「你再說一次，你最好不要拿這個跟我開玩笑……」

家明緩緩地說：「沒人在跟妳開玩笑，確實是他要我們來的。嗯……」家明猶豫了一下才又繼續：「嗯……其實他現在就在我們旁邊，他有些話要對妳說。」

家明這麼開門見山地說話還真的嚇了我一跳，更何況，我也確實沒見到張老闆出現在我們身旁呀。只見張小姐握緊了拳頭，嚴厲地說：「別在這跟我裝神弄鬼！我連你們是誰都不知道，我憑什麼相信你？你到底想幹嘛？」

只見家明毫不畏懼，正面迎向了張小姐充滿憤怒與質疑的目光，繼續清楚地說著：「妳多久沒喝蒲公英汁了？妳爸爸以前是不是常對妳說，熬夜唸書要記得每天早上喝一杯蒲公英汁去肝火？」

張小姐的面容依然僵硬，木然無言地瞪著家明。

「嗯……妳還給蒲公英汁取了個綽號……是叫……『毛毛蟲牛奶』對吧？妳說蒲公英汁那麼濃那麼綠，是毛毛蟲才會喝的青草牛奶，是這樣吧？」

我看到張小姐眼眶已經微微泛紅，但她仍然倔強地死命搖著頭，突然雙手在桌上一拍，用力地大聲說：「你們到底是誰！你們怎麼知道這些的，你們到底想怎樣、想怎樣啊？我爸爸已經死了，他早就死了！他才不會跟你們說這些的！我不信我不信啊！」

這時我突然聽到耳邊響起一個焦急的聲音：「唉，再這樣下去，不管說什麼她都不會聽的啦，不行再這樣啦，讓我寫，讓我用寫的啦……」很順手地，我把平常做筆記的記事本拿出來，撕下了一頁，拿出筆，突然間我的右手就這麼不聽我指揮，彷彿有自主意識似的，開始在這張紙上振筆疾書起來：

一，生病是我的因緣我的命，跟旁人都沒有關係。我接受了，我已經能坦然接受了，妳也不要再難過，不要再怨天怨人了，好不好？

二，這一切我都很感恩的，要不是我們平常總記得幫助他人，說不定當時爸爸走得更痛苦呢！爸爸現在很好，非常地好，妳不用再替爸爸不平了好嗎？爸爸很感恩這一切的，要惜福啊！

三，妳的難過、妳的氣憤我都知道，但是媽媽也一樣這麼難過啊！妳跟她也分開這麼久了，幫爸爸回去照顧妳媽媽好不好？幫爸爸跟妳媽說聲對不起，讓她跟著我辛苦了大半輩子，還為我傷心這麼久。妳回家去幫爸爸照顧媽媽好不好？跟她說這一切我都很感恩也很感激，讓她全都放下吧，往後還有好長日子要過。

四，過去的都過去了。不管是爸爸的事還是這幾年妳自己的事，都已經是過去了，就讓它過去吧！我們從頭開始，重新開始好不好？爸爸以前教過妳的，希望妳可以拿出來再繼續複習。

五，真的對不起，這麼早就離開了妳跟妳媽媽，這些年讓妳們辛苦，也讓妳們傷心了。爸爸真的對不起，可是磨練是為了成器，妳能原諒爸爸嗎？妳能原諒媽媽，也原諒自己嗎？爸爸現在非常好，非常感恩，也非常感激，對於生病的事也早已放下了。爸爸希望妳也要好好的，好好的走下去，完成自己該做的事，好不好？

我的右手就這麼自顧自迅速地寫完這五點，然後將那紙條遞給張小姐。家明看著我的身後，臉上慢慢地笑逐顏開，我仍摸不著頭緒是怎麼回事，也回頭望了一眼，但我什麼都沒有看見。我的右手仍有力量傳來，好像意猶未盡，還有什麼要釋放出來似的。

張小姐看著我寫的紙條，馬上眼淚就掉了出來。她含著淚說：「這真是我爸，只有我爸會這樣！他每次要跟我說什麼話，都是這樣一條一條寫在紙上給我的！這真是我爸，他的口氣就是這樣的啊……爸……」張小姐的手緊緊握著那張紙條，整個人已經趴在桌上，哭成一個淚人兒，我沒想到這張紙條竟有如此巨大的魔力，一時間也愣住了。

我跟家明就這樣靜靜地望著張小姐，她斷斷續續的哭聲，不知道是從塵封多久的往事中傳來，隨著她的哭喊釋放出這許多悲哀與辛酸，生離死別的親情，命運擺弄的無奈，天人永隔的憤慨，自暴自棄的悔恨……都讓它們出來吧，盡情地出來洗滌這些痛吧！

我呆坐悵然，試著體會張小姐這諸多複雜的情緒與哀傷。我想到張老闆的焦急與憂慮。我想到痛失至親的哀慟，我想到造化弄人的悲哀……我還想到我的父親與母親，我想到所有父母對子女無止境無條件的愛。至死不休的愛。

我無語，只能呆坐悵然。我幾乎要跟張小姐一樣開始哭了起來。

幸好家明還控制得住場面。他待張小姐稍微平息後，在紙條背面寫了他的電話號碼。「張小姐，妳別太難過了。妳父親的話妳花點時間好好想一想，不要急，慢慢來。出來以後如果妳願意，歡迎妳打電話給我，我叫家明。」

④

事後家明跟我說，張老闆的事應該還不算完。那天我們站在張家舊藥舖的門口，我跑去買苦茶時，張老闆突然現身在家明面前，非常焦急地要求家明想辦法跟他女兒見面，他有非常重要的事情要拜託家明代為轉達。但是根據我們會見時，張老闆假借我手所寫出來的文字，裏頭看不出來有什麼特別迫切特別要緊的訊息要代轉給張小姐。

我同意家明的分析，但是我不明白為什麼張老闆借用了我的手，但我卻無法看到他？

家明問，那天是誰提議要去吃夜市的？是我。是誰說要去喝青草茶，順便走走路逛逛街的？是我。

家明說那麼這整件事只怕是你起的頭，解鈴還需繫鈴人，我看你還有戲，用不著心急。張老闆去世這麼多年突然間出現，又是你把我們倆引過去站他店門口的，我看只怕他要找的是你。

我？關我什麼事？這些事情一向不都是家明你在處理的嗎？

家明又說，張老闆不管要傳達什麼訊息給張小姐，都已經很勉強了，還借用你的手，這些都有違禁例的。依他的個性，我看他應該是不好意思讓你看見。如果我所料不錯，他真正要跟他女兒交代的事情還沒說，恐怕他會再借用一次你的手。這件事說不定是你的因緣，你就多擔待些吧！

我想起那天在監獄裡，我的右手確實還有力量傳來，它確實還有什麼想寫的，這點我非常確定。好吧，不要心急，若還有事的話，該出現的時候就會出現。

兩個多月過去了，算算時間，張小姐應該早已經假釋出獄，家明卻一直沒有接到過她的電話。這段時間當中，我又因緣際會跟家明忙著處理他朋友請託的一件事情，這事詭異複雜的程度著實讓我大開眼界，也就慢慢淡忘張老闆的事情了。

這天我透過一位土地代書朋友的幫忙，剛從地政機關查完資料出來，家明就來電跟我約在老地方碰面，依舊是在書局附設的咖啡廳裡。家明說，他要找幾本關於早年本土歷史的書，這書局簡直跟不用錢的圖書館一樣，讓我也來幫忙找找。

我到了現場才點完咖啡，家明雙眼透著異樣的光采，迫不及待地便對我說：「那位張小姐等等也會過來喔。」「哦，她什麼時候跟你聯絡的啊？」「昨天。昨天她打電話給我，說已經準備好，可以跟我見面了。」

「那很好啊，」我問家明：「這陣子有遇到過張老闆嗎？」家明搖搖頭。「那一會我們跟張小姐說什麼？」我問，家明微笑，沒有回答我。

約莫過了半小時，張小姐便到了。她今天看起來氣色相當不錯，人也顯得很開朗。希望不要像探監那天那麼冷冰冰兇巴巴才好。張小姐先是寒暄幾句，便忙著又是道歉又是道謝，既為那天的失態賠禮，也為我們大費周章前去與她會面致意。家明忙稱不敢，其實是我們冒昧莽撞了，還請張小姐不要見怪。

張小姐大方地說：「其實出來當天就想打電話給家明您了。不過還有些瑣事沒辦妥，我也還需要點時間整理一下自己的心情，關於往後的跟關於過去的，所以拖了點時間才當面來跟二位致謝，真的是很過意不去。」

家明說：「這些別放在心上了！妳不怪罪我們兩個陌生人莫名其妙地跑去探監，又說了些奇怪的話牽涉到你們家人隱私，這就很不容易了。」我也忙道：「是啊是啊，我們自己都覺得很冒昧的。」

張小姐鄭而重之地從皮包裡掏出我寫的那張紙條，上面還加了護貝，我簡直羞愧地快暈過去。「其實，二位來的正是時候。假釋剛通過的時候，我只高興了一天，然後就是說不出口的茫然與沉重的壓力。在裡面的時候，只拚命想要出來，可一旦真的知道要放出來了，其實我心裡頭很害怕的。我也不知道在怕什麼，只覺得未來前途茫茫，過去又不堪回首……真的不知道該怎麼辦。二位的來訪，還有這張紙條，」張小姐極專注地看著那紙條繼續說：「似乎給我帶來一點方向與希望。我想，變回從前的自己，那是不可能的了。可是我知道我該跟過去幾年那荒唐的歲月與荒唐的人事物一刀兩斷。就算不為我自己，也要為我的父親。」

我聽張小姐的口吻，應該是受過良好教育的，實在很難把她跟販毒聯想在一起。我好奇心起，忍不住便問：「妳要是願意的話，可以跟我們說說您父親過世後發生了什麼事嗎？」

⑤

張小姐嘆了口氣沒作聲，慢慢地便眼眶泛紅。我跟家明也靜靜地沒再開口。好一會，張小姐終於說話了：「都說家醜不可外揚，這些事我還沒跟人說過呢！但我想如果我爸爸真的找上二位，應該是沒關係的。我爸得病也只拖了一年多便走了。他走得很平靜，說不上什麼痛苦；但我跟我媽就慘了。我們都不能接受他這麼好的一個人，做了這麼多好事，竟然這麼早就走了。我媽雖然傷心，可是還要勉強打起精神料理我爸的後事跟打理店裡的生意。我那時候才大三，唸的還是中醫，除了傷心還有更多的憤怒，我怎麼還唸得下去。我不懂怎麼會有這麼諷刺的事情。我爸一生行醫助人，幫得了別人卻幫不了自己，做那麼多好事，還不是說走就走，我覺得老天真是太不公平了。」

我與家明都投以理解的眼神，鼓勵她繼續說下去。說不定都說出來，會好過一點。張小姐又說：「後來我天天晚上跑出去喝酒，每天都喝得爛醉。本來我爸教了我一點中藥材的知識，家裡的生意我也會幫忙的。這樣喝法當然被我媽罵啦，被罵不爽，我就又出去喝，這樣惡性循環，後來學校也辦休學了，家也不回了。也是我自己不好，喝酒不夠，朋友拿藥給我試試，誰知一試就上了癮。結果越玩開銷越大，又交了個藥頭當男朋友，索性就跟他一起做起生意來了。在裡頭有時候想起來，都不知道我自己怎麼可以這麼墮落，這麼荒唐。」

我聽完除了感慨還是感慨。我無意也無法評斷張小姐這些叛逆自毀的行為；這種事要是發生在我身上，我都不知道我自己會變什麼樣。這種世間的悲劇，誰又能夠說清楚到底是怎麼回事呢！我本還想再問張小姐今後有什麼打算的，想想還是不要再給她添亂了。

張小姐突然想起什麼似的問道：「對了，昨天在電話裡有個問題沒問，是想今天跟二位當面請教的：我爸爸是怎麼找上你們的呀？」

我跟家明對望了一眼，看是由誰來回答比較恰當時，我右手的那股衝動力量又出現了。

我看著我的右手從背包的資料夾中抽出一張白紙，拿起筆，又開始寫了起來。張小姐與家明（當然還有我）一起既驚訝又期待地看著我寫出的字跡：

一，我很開心，妳能夠醒悟回頭，我非常開心。也非常謝謝二位的幫忙。

二，一個偉大的醫生不在他能夠醫治多少人，也不在他能醫好什麼絕症；而是在他能醫好自己的心。記住，能把自己的心醫好，才是一個偉大的醫生。

三，妳醫好了自己的心，還有很多人的心等著妳去醫。妳知道我說的是誰。

四，繼續妳未完成的學業，把中醫執照考上，把家裡的事業再做起來。別忘了要繼續幫助他人。有能力幫助他人是一種福報，要感恩要知福惜福。

五，很快妳會遇到有能力協助妳的人，他是妳**家業事業志業的夥伴**。要珍惜。

六，這種種因緣都是為了成就妳的，都是為了鍛鍊妳醫治人心的本事。**師弟啊，別忘了我們的初衷**。

張小姐讀完紙上條列式的囑咐便又哭了。她淚流不止，不斷地抽搐著，我想這回她所流的淚應該是感恩多過傷心吧。我不知道家明怎麼想，但我心裡是沒有什麼欣慰感的。這一切，根本就是莫大的遺憾啊！實在令我難以釋懷。

張小姐突然抬頭問：「我爸爸又來了嗎？他在這嗎？我可以跟他說說話嗎？」我感覺了一下我的右手，它毫無音信，動也不想動地放在桌上。我輕輕搖搖頭，家明開口說：「妳爸爸已經離開了。他說這些就是他對妳最後的叮嚀，希望妳出來之後，不要再放棄與逃避，好好開創自己的人生。」

張小姐淚流滿面，又哭了一會，說聲抱歉，就到洗手間去了。我把那張紙拿過來照著又抄了一份。家明問我幹嘛呢，我說我想留一份作紀念。

我覺得，這紙條好像也是要給我的。我有很強烈的感覺應該是這樣的。

我抄到第六點的時候抬頭問了家明：「這師弟是怎麼回事啊？是他們父女倆的什麼綽號還是暗語？」

家明聳了聳肩沒回答。我小心翼翼地把紙張收好。

張小姐從洗手間出來，收起紙條拿了帳單就要告辭，家明很快把帳單拿過來，邊跟她說：「張小姐別這麼客氣了，這我們來就行。妳多保重自己啊，如果不嫌棄的話，歡迎妳跟我們保持聯絡，讓我們知道妳的近況。如果有什麼幫得上忙的地方，希望妳也別把我們當外人。」張小姐回道：「真的不知道該怎麼感謝二位大哥才好。我知道今後我該怎麼做了。兩位別擔心，我會勇敢面對未來的。日後要是真有什麼成績，一定會讓二位知道的，也一定要跟二位再當面答謝一次的。」

⑥

那天晚上我回到家，心情與腳步同樣沉重。

張老闆父女希臘悲劇式的遭遇在我心裡久久不去。不知道因為什麼緣由，我也有許許多多的忿恨與不平，我不明白為什麼像張老闆這樣的好人竟然總是沒有善終，為什麼無辜的張小姐竟要背著這樣的傷痛烙印過她後半的人生。我想到始終沒有機會見到的張太太，她的心底又埋藏了多大的委屈與不平，多少的辛酸與傷心。我不敢想像她一個人避世在山上種草種樹的獨居心情。

我不明白到底哪裡出了差錯，原本應該是幸福和樂的家庭竟然變得如此支離破碎不堪回首。是老天不公還是造化弄人？我義憤填膺，卻不知該向誰討個公道。

我想到我的父親與母親。我想到他們對我的百般呵護與種種期許。我想到我不知該用什麼來回報他們對我的付出與愛；我在張老闆身上深刻體會到父母對子女的那種無邊無盡的愛。我想到我自己也得了病。我悲憤滿懷，這些思緒與情結緊緊地壓在我的胸口、我的心頭。我想用力深吸幾口氣，卻只覺得心底深深地隱約作痛起來。

我躺在沙發上，拿出張老闆的字條呆望著。一字一句都是我的右手寫下來的。我望著這父親對女兒最後的叮嚀。為什麼我會感到這字條裡的訊息跟我有關呢？為什麼我強烈的直覺到張老闆似乎透過這些字句也要轉達什麼給我呢？

躺著躺著，我陷入一種半夢半醒的狀態。朦朦朧朧中，我好像看見一個模糊的身影，身材削瘦，約莫五十開外的年紀，頂著個極短的平頭，身上似乎穿的是唐裝模樣。是張老闆嗎？我正想著，他就開口對我說話了：「謝謝你，真的非常謝謝你幫助我們師兄弟。一個偉大的醫生不在他能夠醫治多少人，也不在他能醫好什麼絕症；而是在他能醫好自己的心。一個高明的醫生要能夠醫好自己的心。」這些話怎麼這麼熟悉？他是在對我說話嗎？

那身影又說：「能把自己的心醫好，才是一個偉大的醫生。你很幸運，你不是得病，你是得到一個重生救贖的機會。記住，還有很多人的心，等著你去醫。當你把別人的心醫好了，你自己的心同時也就醫好了。記住，當你的心醫好了，你的病，也就不藥而癒了。」

那身影轉過頭去漸漸淡了，我滿頭大汗，急得快哭出來，我伸手叫著哭喊著：「你別走，你別走啊，我不懂你說的是什麼意思啊！我怎麼醫我的心啊！」我哭叫著，那身影沒回頭，我彷彿在耳邊聽到隱約的低吟：「慢慢地，你會懂的，你會明白的……」

我哭著醒過來，一頭一臉的汗，淚水沾濕了我的衣服。這夢境怎麼如此真實！我大口喘著氣，回想著張老闆說的話：「一個救贖的機會……把別人的心醫好，自己的心也就醫好了……心醫好了病也就不藥而癒了……」我躺在沙發上動彈不得，汗流不止，大口大口喘著氣，出了神，走了魂。

不知過了多久，手機鈴聲突然響起，我似從催眠中的黑暗被喚醒過來。我拿起手機一看是家明打來的，我乾咳了兩聲，按下接聽鍵。家明的聲音傳來：

「喂，睡了沒有？」

「嗯……還沒。」我假裝鎮定。「怎麼啦，找我什麼事？」我問家明。

「沒什麼事兒，問問你想不想聽個故事。」家明的聲音出奇的輕柔，出奇的沉穩。

我很快地平靜下來。

「好啊，你說，是什麼故事？」我緩緩問道。

「很久很久以前，有兩師兄弟同門學藝。名師底下雖門徒眾多，然此二人分外投緣分外交好，實在可算得上是過命的交情，異姓的手足。這一日……」

降靈會（上）

胡老師早上起床的時候，並沒有通到今晚將會是她通靈生涯的終結。對她而言，這只不過是又一場她所主持的降靈會而已……

這一天我狠狠地硬是睡到太陽下山才起床。隔著厚重的窗簾開著空調，其實很容易讓人忘記外頭是什麼季節氣候，什麼年月時分。我躺在床上賴了一會，拿過手錶一看，居然已經快晚上六點了，這才心滿意足地下床去梳洗。待睡意全消，精神一好，強烈的飢餓感襲來，我便出門覓食去。

街邊的食店餐廳全擠滿了全家老小一起用餐的客人，這是典型週日晚餐時分的景象。對於我這種獨居獨食的人而言，最是尷尬不過的情境了。於是便按照往常的解決辦法，到速食店打包幾個漢堡外帶最省麻煩。

進了速食店，沒想到這裡也是大排長龍，一旁還有許多小屁孩吵鬧地玩樂著。我嘆了口氣，沒辦法，只好排隊吧。我盯著點餐櫃檯上頭的菜單看板，想說要不要試試看剛推出的新口味漢堡時，褲袋裡的手機突然大動特動起來。我掏出手機一看是個陌生的來電，禮拜天晚上全家正團聚吃飯的時刻，誰會打電話給我呢？

電話那頭果然是個陌生的女聲，我剛接聽才「喂」了一聲便聽到她以急促的口氣大聲說：「請問家明有沒有在你旁邊哪？」

①

小佩整個下午都很興奮。

為了這場降靈會，她已經忙碌奔走了許多天，打從她加入這個所謂身心靈成長工作坊中心的會員之後，對於中心的各項活動事務都熱中參與，熱心幫忙。今天是中心舉辦降靈會的日子，據說邀請到某位靈修多年，靈通能力高超，且曾到過歐亞各國研習取經的某大師，「將協助參加活動的所有朋友與異次元的高靈做連結，希望獲得高靈的引導啟發，開啟更高層次的靈性智慧」。（按，以上用語取自該工作坊活動說明文案。）

因為小佩的熱心，降靈會活動所需的庶務用品都由她負責採買準備；她甚至還拉了好幾位朋友一同參與這場高靈的智慧指導聚會。

對小佩而言，這些事都不算什麼，倒是苦了她的男朋友阿豪。除了要陪買陪逛充當苦力腳伕之外，還要提供公務車及司機接送服務。阿豪是個沉默木訥的青年，對小佩的諸多要求與命令，總是好脾氣地笑著接受。阿豪對所謂身心靈工作坊的態度是不置可否，對小佩的熱心投入也沒有多大意見，偶爾被小佩強迫著來「一起成長」的時候，也總是溫順地靜靜坐在一旁。

當今天下午他們兩人結束採買來到中心時，已經有七、八位朋友在現場忙進忙出了。小佩難得體貼地跟阿豪說：「你別在這礙手礙腳的，累了好幾天，你先去療癒室躺一躺休息一下吧，等活動開始我再叫你。」阿豪如蒙皇恩大赦，走進中心裡頭的小房間躺下休息。

不久，今晚降靈會的主持老師與中心負責人也一同到場了。

小佩按捺住內心的興奮與緊張，同眾人一起聽從老師的指揮進行降靈會場的必要佈置措施以及相關準備工作。「這將是一個意義重大的夜晚啊！」小佩邊忙邊在心底這麼想著。但她不知道的是，其意義之重大，事件之離奇，將超乎她小小腦袋之想像。

②

胡老師早上起床的時候，並沒有通到今晚將會是她通靈生涯的終結。對她而言，這只不過是又一場她所主持的降靈會而已。

據說胡老師是不輕易舉辦降靈會的。因為要請到高靈降臨並一一為在場人士開示解惑，總會耗掉她許多能量，通常除非是高靈主動表示，或交情夠深的朋友請託，胡老師才會鄭而重之地舉辦這項活動。

胡老師約莫不到三十的年紀，修長的身形與秀麗的臉龐，搭配素雅的裝扮確實是位氣質出眾的女性。據說在國內與國外各拿過一個碩士，從小就有靈媒體質的特殊感應，經過高等教育的洗禮之後還曾到過印度、尼泊爾、英美等國家進修身心靈與宗教哲學的歷練。

與胡老師熟識的人總都誇讚她的氣質清新，感覺還像個大學在校生似的。雖然擁有高超的靈通能力，但也不刻意賣弄神秘，上門找她諮商問事的人是絡繹不絕，往往要排上好幾個星期才能等到親炙大師風采與靈能的機會。

今天降靈會的現場經過一番佈置之後，不知不覺已經透散出幾分神秘與緊張的氣息。離活動排定開始的七點整還有約三十分鐘，這時胡老師要求到裡面的小房間靜一靜，開始她自己個人的準備工作。

阿豪因此在睡夢中被請出房間；外頭的人個個神情肅穆靜默不語，心中各自夾雜著緊張不安與興奮情緒，似乎生怕擾亂了降靈會場應有的寧靜與慎重。阿豪再怎麼樣順從小佩，畢竟這種事還是已經超出他的範圍了，所以他並沒有加入那十幾個人圍坐的圈圈當中，而是坐在被移動到靠近後頭廚房的沙發上繼續打盹。

降靈會即將開始，現場燈光已經調暗，並且點起了二十一根白蠟燭，燃燒未盡的鼠尾草在銀盤中繼續冒著白煙，拉起的窗簾上掛著一片片綴滿神秘符號的黑布，一旁的桌上放滿了祈請高靈降臨的用品與道具，十幾人盤膝圍坐的圈圈裡，擺著一張空椅，靜候今晚降靈會的主角胡老師出場……小佩忐忑不安，屏息以待……。

③

我站在光鮮明亮的點餐櫃檯前拿著電話，排我前面的那位媽媽已經轉身離開輪到我了。店員微笑著大聲對我說：「歡迎光臨！要來份我們最新推出的田園……」電話裡另一頭的陌生女子也正大聲地對我叫著：「家明有沒有跟你在一起啊！你請他快點過來，我們這裡……」我有點愣住，不知該先回答哪一邊；於是我用手指著桌上的菜單隨便點了兩個套餐，然後對電話那頭焦急的女子說：「妳那裡是哪裡啊？家明沒有跟我在一起啊，妳找他什麼事呢？」那女子又嚷嚷了什麼我沒細聽，我用頭夾著電話正忙著從褲袋裡掏錢呢！真是，禮拜天晚上吃個漢堡也不得安寧。

店員示意我，請到一旁等待外帶的餐點，在等餐時我才弄清楚電話中的女子原來是透過舊同事拿到我電話的。好像是她們先找上當日算牌趴那位塔羅老師求助，塔羅老師知道了原委後，認為這事該請家明幫忙，沒想到家明的電話關機一直打不通，塔羅老師知道後來我跟家明常在一起混，便跟舊同事要了我的電話號碼，再請她們打給我看看能不能聯絡上家明。真是輾轉繞了好大一圈，加上對方講話氣急敗壞，我花了好大工夫才弄清楚來者何人因由何事。

「那，那你能幫我們聯絡家明嗎？事情很緊急，我們這裡……我們這裡有人好像……好像那個……被附身了……」

哇靠！附身耶！我突然興奮起來。

「好，我先幫妳找找看家明，妳不要慌，我等等回妳電話。」

我結束通話後立刻打給家明，但想也知道是白打。如果對方剛打是關機狀態，我現在打當然也還是關機啊！果然電話轉進語音信箱，我給家明留了話：「家明，現在是禮拜天晚上八點，朋友的朋友出事了，好像是有人被附身，亟需你的幫忙，請你聽到留言，趕快打電話給我。嗯……我……我先過去瞧瞧是怎麼回事。你快回我電話吧。」突然間我覺得應該不用等到家明出現吧，不如先由我出馬試試！

雀躍的我又回撥電話給對方：「家明的電話還是關機，但我已經留話了，這樣吧，這種事我也有點經驗，不如我先去看看可好？」

對方仍在混亂之中，支支吾吾不知該怎麼回應我。

「反正暫時是找不到家明的了，不如讓我先去看看，說不定我能幫得上忙呢！再說家明要是回我電話，我也可以請他立刻趕過來。」

對方似乎也無法可想，只好給了我地址。我匆匆抓起剛送過來裝著漢堡的兩個紙袋，推開速食店的玻璃門，大步往車子走去。

有那麼一個小小突然的瞬間，在我自己都沒有意識到的角落，我心中那個揭惡除弊的正義記者，似乎又活了過來。

④

這是間燈火通明的大客廳。但霎時間我有點走入某個電視攝影棚的錯覺。

現場的佈置擺設，尤其是牆上掛著的幾塊黑布上面滿是只有在恐怖電影裡才看得到的神秘符號，讓我一時有點時空錯置的異樣感，我似乎有點微微暈眩。

幫我開門的正是剛剛電話裡的小姐，姓黃，是這身心靈中心的負責人，看起來似乎比在方才的電話裡平靜不少。

客廳中央的小桌上擺著幾樣東西：銀盤念珠白蠟燭，薰香水晶天使卡。

眩得更厲害了。我凝神再仔細用眼睛很快地掃描四周，暈眩感稍稍退了，極細幽地我微微辨識出是這房子裡的氣場在旋轉，不是我的頭。

這股氣不但慢慢地旋轉著，還帶給我些微的壓迫感。

直覺告訴我，事情確實不對頭。確實有什麼不尋常的事發生在這房子裡。我鎮定凝神，深吸一口氣，希望我那時靈時不靈的陰陽眼可以協助我一探究竟。

我環視眾人臉上的各種神情，緊張與恐懼，害怕與不安，慌張與失措。空氣中透露著濃濃的詭異氣氛。我聞到一股燒過什麼藥草的味道。

一個男生走過，手上拿著一束燃著的藥草與薰香，滿屋慢慢遊走。

一個小姐在另一頭，手上拿著個小瓶往整個空間噴灑瓶裡頭不知名的液體。

其餘的人三三兩兩散坐著，聚在一起談著，低聲說著話。

沒有。在這些人身上我除了驚訝與恐懼，看不到什麼特殊的事物。

黃小姐領著我走到房子的另一頭，那裡有張沙發，好幾個人圍著那張沙發。

真的讓我看到了！

背對著我的是一位白衣白褲的小姐，盤起的頭髮已經有些散亂，修長的身形高舉雙手對坐在沙發上的一名男子比劃著。我看到她身旁緊貼著一個瘦小的身影；那是一個老嫗，恐怕還不到一百五十公分，乾癟瘦小卻穿著臃腫，頭上還戴著類似吉普賽人風格的披巾。滿是皺紋的臉上刻劃著歲月留下的滄桑痕跡，但雙眼卻炯炯有神，大大的鼻子高高聳立。我馬上感受到這老嫗的精明銳利與堅強意志。瞧她的輪廓似乎不是東方民族，而且衣著居然是中世紀歐洲農民的打扮！

我看著這老嫗，她似乎沒有察覺到我發現她的存在，仍舊緊緊貼著那白衣白褲的女郎。我暗想，真是不幸，外型這麼出色的一個女生居然被附身！

沒想到黃小姐竟指著她向我介紹：「這位是胡老師，今天晚上我們中心的降靈會是請她主持的……」啊？不是她被附身？是我看錯了嗎？

胡老師轉過身望我一眼，極快地我從她秀氣的臉上看到慌張、害怕、強作的鎮定還有一絲絲的尷尬。我們就望這麼一眼，她又轉過身子繼續比劃著。

黃小姐把我拉過一旁，指著蜷縮在沙發上的那男生說：「他是我們一個學員的男朋友，降靈會開始的時候，他正坐在這沙發上休息，唉，他根本就沒有參加這場降靈會啊！誰曉得降靈的活動開始到一半，他就突然站起來，還發出『咭咭』的冷笑聲……」

黃小姐話還沒說完，那蜷縮著的男生又突然站起來，我看他表情扭曲猙獰，雙眼佈滿血絲，雙手不停地顫抖，嘴巴呼呼作聲卻沒說話，就這樣站著全身不停抖動。這確實是很嚇人的場景，在場的人都吃了一驚，還有人喊出聲來。只看那胡老師雙手比劃的動作慢慢加快，同時嘴裡唸唸有詞，我聽不真確她唸的是什麼，只看那男生睜大了雙眼瞪著胡老師，先是滿面怒容，忽然又變成猙獰冷笑。他用顫抖的手指著胡老師，臉上的表情在短時間內不斷快速交替變換著：又是痛苦又是悲傷又是憤怒又是邪惡又是奸笑，嘴裡還不時發出嘿嘿的氣音，這詭異驚悚的氛圍直教人不寒而慄，現場的詭異氣氛壓得眾人一時又開始驚惶失措。

我也有些頭皮發麻，但家明不在現場，又是我自告奮勇請纓而來，只得屏息凝神定睛再看：那中邪似的男生身旁確然什麼也沒有啊！我不明其理，又瞧瞧那胡老師背後的老嫗，她對眼前這駭人的場景似乎視而不見無動於衷，仍是緊貼著胡老師。

這真的難倒我了。現場極似被附身的男生我看不出個所以然來，主持降靈會的通靈老師背後倒是跟著一個不知幾百歲的詭異老婦人。是我看錯了嗎？還是……這到底是怎麼回事？家明啊，你到底是上哪去了？

我頹坐一旁，自顧自地點起一根菸來抽著。

黃小姐過來問我有什麼看法，我苦笑道：「事情確實很詭異，我也是第一次遇到這種事，恐怕超出我能力範圍了。很抱歉。」我噴出一口濃煙慚愧地說。

黃小姐拍拍我的手，搖著頭說：「我以後再也不辦什麼降靈會了，萬一這次真弄得難以收拾，我該怎麼辦才好……」

我忙道：「黃小姐妳別多想，家明這個人是這樣的，常常突然失聯，又會突然冒出來，他就是這個調調……」

就在我們兩個人陷入難堪的沉默時，我褲袋裡的手機又大動特動起來，我從來沒有這麼高興地接起手機一看，正是家明。「大哥你終於出現啦！你到底是跑哪去了？我們這裡一票人在等你哪！真是要命了。」

我在電話裡大致跟家明說了狀況，他老兄依然穩當得很，說他盡量趕，但恐怕也要一個小時後才能到。

通完電話，我如釋重負看向黃小姐，她往那中邪的男生一指，我轉過頭去，看到胡老師也已喪氣地坐下來，一個年輕女生抱著那男生哭道：「阿豪，阿豪你是怎麼了！你快點醒醒啊！阿豪，我們快被你嚇死了，阿豪拜託你不要再這樣啊，都是我的錯啊，阿豪……」

⑤

在我們等待家明到來的時候，好些人不放棄地仍嘗試使用各種方法。

一個年輕女生拿著她的小瓶朝阿豪的頭上猛噴據說是可以淨化磁場的彩油，邊噴還邊唸著什麼祈禱文似的字句。阿豪，或者該說不是阿豪，坐在沙發上淒厲地笑著，彷彿完全不受影響，反倒在嘲笑那個女生的無益舉措。

另一個女生拿出兩顆水晶球，和另一個拿著藥草燒著的男生一起，繞著沙發區走動，說是要劃出一個結界區來，並用水晶與藥草淨化這個區域。阿豪眼瞧著他們繞來繞去，依舊時冷笑時痛苦時憤怒，跟方才沒有兩樣。

胡老師看來義無反顧，她似乎並沒有放棄的權利。她拿出一串長念珠讓阿豪戴著，雙手按在阿豪的肩頭，口裡快速地唸著什麼，是梵文還是藏語，我也聽不懂，總之很接近就是了。胡老師唸了一段又一段，阿豪臉部扭曲，露出壓抑的痛苦表情，但過不了多久又開始猙獰地冷笑，胡老師無計可施，只能焦急地一遍又一遍地唸。

這時突然有人開門進來，來人是一位中年男子，頭髮灰白，中等身材，但看起來自有一股穩重威儀。我聽眾人都喊他林老師。

中心的負責人黃小姐走向林老師，低聲說了幾句話，只見那位林老師來到阿豪面前，一手高舉手心朝天，一手放在阿豪頭上，口裡說道：「我祈請所有層次的高靈，我祈請最純淨有力的能量降臨，我祈請宇宙靈氣管道開啟。讓邪惡退開，讓神聖降臨。讓汙濁退開，讓淨化降臨。」

坦白說我突然感到一陣荒謬，想笑又笑不出來。

林老師看來十分篤定，後來我才知道他是高級靈氣導師，也是國際能量專家。我也認為林老師確實有點功夫。只看他按著阿豪的頭，引導靈氣能量降臨（？），阿豪睜大了雙眼，充滿血絲的雙眼死命地盯著他，大口吸著氣，全身顫抖得更厲害了。

阿豪慢慢舉起顫抖的右手指向林老師，嘴裡咬牙切齒斷斷續續地說：「你──找──誰──來──都──沒──有──用──了……我──等──了──這──麼──久──才──等──到──這──個──機──會……呵呵……呼呼……沒用的……呵呵……呼呼……人──我──要──定──了……」

現場的詭異氣氛在此刻達到頂點，我聽到好幾個人發出呻吟聲，林老師看來並沒有動搖，他改以雙手打開，比向阿豪的頭，閉起雙眼全神貫注，嘴巴無聲而快速地動著。阿豪的女朋友已經哭倒在旁人的懷中，胡老師與黃小姐緊張又頹喪地站立在一旁。我們其實心裡都有數，恐怕阿豪的情況只會更糟不會更好……。

林老師也退下陣來，跟黃小姐胡老師在客廳的一角坐下來低聲討論著。阿豪坐在沙發上，雙眼空洞茫然失焦地望著前方，嘴裡仍呼呼嘿嘿地發出陣陣聲音，雙手一會緊握拳頭，一會放在膝上發抖。我看他時而神情落寞紅了眼眶，時而忿恨獰笑怒視眾人。

在這大家都不知道接下來該怎麼辦，又會發生什麼事的時候，家明終於到了。

⑥

家明仍是我所熟識的那個家明，神色自若，態度平穩緩和，雖然這間屋子裡的人事物與氣氛已經奇異詭譎到極致，但家明還是一如往常的沉著冷靜，就像是……要去停車場取車的模樣？

說不上來。我看到的家明雖然沒有兩樣，但在我感覺裡，今晚的家明似乎有那麼一點什麼說不上來的異樣感。跟著他混了這麼久以後，這點我倒是很有把握。

黃小姐很快地迎向家明，並由下午開始向他說明了整個事情的經過。家明表情嚴肅地聽著黃小姐的說明，當介紹到胡老師與林老師的時候並向他們微笑致意。然後我們一同來到沙發前看著阿豪的情形，他仍自顧自地忽笑忽怒忽悲忽喜，我搖搖頭，不知道家明要怎麼收拾這個爛攤子。

家明站在阿豪跟前端詳了一會，然後轉頭望向我們問：「有多少人處理過他了？」黃林二位還沒開口，胡老師先回話了：「我用了好幾種方法，都不見成效，只穩定了一下下就又惡化了。」家明似乎有點驚訝地看著胡老師，我在心裡暗叫著：看到了嗎？家明你也看到她身後的那個老嫗了嗎？

「沒關係，問題不大。」家明似乎是對著阿豪這麼輕聲說著。又對眾人問：「我這就開始了？」眾人一起點頭，家明又道：「來，麻煩大家讓一讓。」

一時這個空間就只剩下家明與坐在沙發上的阿豪，還有我站在不遠的一旁。

家明站在阿豪身前上下打量一番之後，首先把掛在阿豪身上的那串念珠拿起來收進口袋，邊輕輕說著得罪得罪，勿怪勿怪。又從一旁的面紙盒裡抽出幾張面紙擦著阿豪的頭與臉繼續說：「別氣別氣，我替他們跟你賠禮。」

只見阿豪又舉起顫抖的手，紅著雙眼指著家明說：「哼哼……呵呵……呼呼……你……你很聰明啊……」

家明笑著說沒啦沒啦，又看了阿豪一會，突然伸手進去阿豪的外套裡抽出一條白色絲巾來。「這誰的？」阿豪的女友邊哭邊回答說：「是我的。那是仁波切加持後送給我的，我想他說過這可以防身辟邪，就給阿豪圍上了。」

家明「唔」的一聲，就把絲巾遞還給她。「這不合用。」

家明皺著眉頭又從阿豪的外套內袋裡掏出兩張佛卡，脖子上又取下了一個大水晶墜子，原來全都是現場熱心的中心學員在降靈會開始不多久，阿豪開始不對勁的時候趕忙給他放進去的。很顯然沒有一樣派上用場。家明要阿豪的女友別再哭了，把這些東西都收走，不要把事情越攪越糟了。

然後家明拿張椅子放下，跟阿豪面對面坐著。他說：「來，別氣了，我都弄乾淨了。什麼事跟我說說吧。」家明握著阿豪的左手，低下頭來，用心認真傾聽。

我跟眾人都跟看戲入迷一般，帶著懸疑緊張的心情，靜待事態發展。

只見家明頭低垂了好一會才點頭說：「嗯……嗯……原來是這樣……你們本來是好夥伴，好兄弟嘛。也難怪……嗯……」突然他頭一抬，正視著阿豪繼續說：「但是他殺了你，他想要獨吞！」家明話剛說完，阿豪就揚聲淒笑道：「哈哈哈！是啊，你很厲害嘛……不錯，我們哥倆一向都是結夥犯案，呼呼……哼哼……但這筆買賣好大啊……他是眼紅想獨吞……呵呵……哼哼……好狠，好狠的兄弟啊，在背後給我來這麼一刀……我說……我說做鬼也不放過他！哼哼……你說我……冤不冤啊……冤不冤啊？」

阿豪淒厲地控訴著，屋子裡的空氣似乎凝重糾結，眾人已經嚇傻在當場了。

家明依舊握著阿豪的左手，低著頭，看也沒看向他，繼續說著：「冤啊，我知道你冤啊，你一向把他當大哥對吧……十幾年來他都是最照顧你最講義氣的大哥對吧……也難怪你恨，難怪你怨哪……被自己最信任尊敬的人背叛殺害……那個冤屈……那個怨恨哪……嗯……你找他多久了？」

「好久哇……呼呼……我找了他好久哇……已經太久了……你知道……哼哼……今天好不容易有這個機會讓我找上來……哼哼……嘿嘿……我不會放過他的……哈哈……哈哈……」

「你也不容易啊，找了這麼幾百年，終還是給你找到機會了啊！」家明如此回答道，我整個人都傻了。這場冤孽公案竟是幾百年前的事！阿豪身上那位的恨意只怕深不見底，神人難撼了。

阿豪此時黑眼珠已經不見了，翻起的白眼佈滿血絲，他仰頭朝天繼續厲聲地叫道：「哼哼，我恨哪我恨哪……這一大筆銀子他想獨吞！嘿嘿……嘿嘿……枉費我叫了他十幾年大哥，我把他當親大哥對待呀……呼呼……哼哼……弄死他！我要弄死他！我非得要親手弄死他不可！嘿嘿……哼哼……你們找誰來也沒有用！我不會放過他的……哈哈……哈哈……」

「殺人償命嘛，天公地道。何況他這麼卑鄙，利用你對他的信任，趁你毫無防備在背後砍死你，就為了獨吞那筆銀子，兄弟結義之情都不顧了是吧……他該死！來……跟我說，你是恨他殺了你，還是恨他背叛你呢？嗯？我知道你冤，你冤哪！」

我想著家明所說的話：到底是殺身之仇的血債深，還是被兄弟無情無義背叛的仇恨深？換作是我，何者更令我痛恨難消？

阿豪沒有說話，翻著白眼，繼續哼哼嗚嗚地呻吟著。

家明又說：「殺人償命，血債血還，這也沒人能說你什麼。我只問你，被你劫財害命的那些客商們要是也尋上門來，你怎麼辦？你要報仇，若是別人也要報仇呢？你怎麼說！」

阿豪這時突然又激動起來，雙手顫抖得更厲害了。好半晌，他開口說：「我償命就是了！今天能讓我弄死他，所有的帳跟我一塊算我都甘心！只要能讓我報仇，不管什麼下場我都認了，誰要來索命的，老子絕不皺一下眉頭！」

「男子漢大丈夫，你的氣魄我佩服。我再請教，為了報仇雪恨你寧可自己落得沒下場也在所不惜；你可以不為自己想，難道你就不為你老母妻兒想想嗎？」

「啊……」此時阿豪愣在當下，側著頭，似乎在回想什麼似的。

家明突然喝道：「你張大眼好好看看清楚！你的老母，你的妻子與一雙兒女，都在你身後啊！怎麼這麼多年來你一直看不見他們……嗯……仇恨蒙蔽了你的雙眼啊……你的結義大哥為了斬草除根殺人滅口，是不是尋上你家，將你老母妻兒一門四口都趕盡殺絕了！你只顧著找他報仇，這麼些年都沒看見他們跟在你的身後無處可去，只能隨著你四處飄零餐風飲露！你忘了他們嗎？他們生前未曾享過福，死後跟著你仍不得超渡！你轉過身來看看他們，不為自己也為老母妻兒想想！」

我望著阿豪，沒想到眼前這個本以為憑白無故被上身的年輕人身上竟有這麼一段泯滅人性心狠手辣的歷史與抄家滅門的血債……我望著阿豪，啊，該說不是阿豪的，萬萬想不到他不是一人冤，是一家冤，這筆冤孽債已經醞釀了幾百年！

家明話一說完，那阿豪愣了一會，便放聲痛哭起來。聽完他的故事，原本各個都以為他是惡鬼邪靈的眾人，都不禁深深同情起他的悲慘遭遇，那簡直是令人不堪回想的淒慘故事啊！

⑦

阿豪全身都已經濕透了，翻白的雙眼全是血絲，卻不斷流出淚水來，這景象十分驚悚詭譎，但空氣中卻聞得出濃濃的悲傷味道。阿豪雙手仍不停顫抖比劃著，似乎想抓住什麼，發抖的嘴唇似在說著什麼，一抹唾液口水自嘴角流下在半空中晃著。是悲傷是憤怒是傷痛是愧疚是仇恨是淒厲是哀戚？甚或兼而有之？

家明將自己身上的黑色外套脫下給阿豪披上，頓時阿豪突然看似回過神來。家明請黃小姐弄一條熱毛巾過來，在毛巾上頭寫著畫著什麼之後，給阿豪擦了擦臉，然後對阿豪說：「這樣吧，我同你打個商量。你妻兒老母的事我攬了，我負責給他們個好去處。」阿豪側過頭來：「當真？你莫不是誆我？」

家明兩手一擺：「莫人誆你，這咋事，那個好誆你！你的妻兒老母我敬若自個兒妻母，我必當引得人來好生發送，佛力引薦早脫苦海。你莫不想他們早得超薦，有個妥善依歸？」

阿豪哭著慢慢點了個頭：「我當然想，但你莫得誆我……」

家明微微一笑，又道：「沒的多說，我這就請！待你親見妻兒老母得西方接引，證實我所言不假，到時我們繼續再談，如此你說可好？」

阿豪愣在當下，方才的兇狠暴戾與悲恨已不復見，他茫然遲緩地點了點頭。

家明要我去他車上，把他的包取上來。下樓的路上我心想：這可真是一場「驚心動魄出人意表精采絕倫」的降靈會哪！

我將包交給家明，他自個兒拿了包進到後面的小房間，約莫十幾分鐘後才又出來。霎時我只覺得一股安詳平和柔軟飽滿的氣流籠罩全場，我似乎看見幾條黑色的影子「咻」一地自阿豪身上飛出，快速地竄入後頭的小房間。一時阿豪臉上的煞氣減低了不少，面容的線條也不再那麼僵硬了。我看他低下頭輕輕說著：「好……很好……苦了你們了……好……好……多謝，多謝了……」

家明又拿起毛巾幫阿豪抹了抹臉，向黃小姐要了杯熱茶給阿豪喝上。「如此可好，可滿意？」阿豪噓了口口水說：「好……好……感謝了！」

家明續道：「令堂與妻兒的事如此完結甚好，那麼你與你大哥的事呢？今日我們一併了了吧。你不是要報這血海深仇嗎？」

「啊……我……我……」阿豪顫抖著。

「你方才也見到了，天道好還。你要報仇，別人也要報仇呢！你既有一力承擔的氣魄，冤冤相報豈有了時！好不好你斷了這個念，莫再人間徘徊了。你的冤苦冥冥中自有定奪，你所造惡業天地也不會疏漏！好不好今日一併了結放下，另有來者為你而來，且隨他們往你的去處去，惡業洗淨後尚有重新做人的一日。若倘真化為厲鬼那可就真的永無超生了！」

阿豪垂下頭來，斷斷續續地呢喃著：「好……到頭了……好……終究……還是到頭了哇……謝……謝您啦……」

我直到此時才見到阿豪身上重疊著一個模糊的影像，身材十分高大魁梧，一頭亂髮，滿臉鬍碴，身著古裝短打，似乎他左右兩旁又各出現一個影子將他往當中一夾，旋即全都消失無蹤了。阿豪隨即癱倒在沙發上。

家明要黃小姐重新弄條熱毛巾給阿豪再擦擦臉，沒多久阿豪就醒了過來，他似乎半夢半醒朦朦朧朧不知道剛才發生過什麼事，整個人看來像是大病了一場，非常虛弱。家明吩咐給阿豪喝杯熱茶，吃點高熱量的甜食，例如巧克力或奶油餅乾之類的東西。阿豪的女朋友跳起來飛快地去張羅了。

我走上前去問家明：「你沒事吧，這邊算完了？」

家明轉過頭眼睛直盯著那胡老師，對我答道：「我沒事。你累不累？還行嗎？」

其實打從進門以來，這屋子裡的氣場氣氛與奇怪的人們，就已經讓我身心都很不舒服了。頭暈目眩，胸口緊實緊實地悶著，我勉力抵抗著這不舒服的種種感覺，低聲跟家明說還可以，撐得住。

家明平靜地說：「那好，我這邊才剛要開始呢！」

⑧

只見家明轉過頭，對著胡老師（或那老嫗）大聲說：「**i scire qui es！**」

降靈會（下）

「有些人、有些事，是注定見不得光的。一見光，不是寵就是辱。寵辱皆若驚，皆為大患啊！」

祭司（或稱祭師）是指在宗教祭祀活動中主持儀式，並擔任輔祭或主祭之人員。在不同的宗教文化中，祭司具備的神聖意義也不同。古埃及人將宗教視為獲取超凡能力及滿足基本需求的手段，更是維持社會運轉、穩定秩序的一道程序。宗教為古埃及社會催生階級制度，更確保了文化傳承。無論是在社會功能或是神秘的宗教層面上，祭司都有著無法取代的重要性。

十五到十八世紀是西方史上「巫師追獵」最慘烈的時期，自一四八四年教皇英諾森八世（Innocent VIII, 1432-1492）頒佈「女巫敕令」以來，到一七八二年「最後一位女巫」在瑞士被處死為止，「巫師追獵」在近代西方社會留下一頁頁慘痛的歷史。數百年間，至少有三十萬人因巫師罪名被處死。

「生命」和「名譽」可說是一個人最重要的兩樣財產。然而在「巫師追獵」時期，這些被指為女巫的女子，往往同時失去這兩樣東西。她們通常在極為殘忍的處刑下結束生命，有的是水浸火燒土埋，也有吊刑絞殺斬首等。

⑧

只見家明轉過頭對著胡老師（或那老嫗）大聲說：「**i scire qui es !**」（我知道你是誰！）

那老嫗眼睛裡倏地閃出兩道極銳利的星芒，與家明四目相交，彷彿迸出了幾點火花；胡老師的頭突然往上用力揚起，下巴角度幾乎與地面垂直，抽搐抖動了幾下，旋即昏癱在沙發上。林先生與黃小姐趕忙上前攙扶，我似乎聽到家明悶哼了一聲：「也沒那麼了不起。」

這偌大的客廳裡，現在一處有小佩抱著阿豪，另一角有黃小姐與林先生護著胡老師，中間還隔著十幾位瞠目結舌降靈會的觀眾。我與家明環視四周，實在不知道這齣戲現在演到哪又該如何接著演下去。這場面令我發笑，但笑出來實在不敬。總算家明是現場唯一清醒正常的人，他對黃小姐招招手，請她過來說話：「黃小姐，我看清個場好吧。不相干的人讓他們先回去休息，今晚的事也請他們無需再提。」黃小姐馬上會意過來，知道這事傳出去對任何人都沒好處，趕忙急急送客，鞠躬解釋道歉去了。

家明走到小佩旁邊坐下，看著阿豪說：「你還好嗎？現在感覺如何？」

阿豪眼睛裡的血絲仍未完全退去，他似乎不是完全不知道剛才自己身上發生了什麼事，看來仍有幾分虛弱，慢慢地說：「還好，就是覺得很累。」「那很好。」家明說：「等會回去好好睡一覺，不要胡思亂想，最好別再提今晚的事了。」

家明拉著愁眉苦臉，如剛闖下滔天大禍的小佩到一旁。

「妳叫小佩是吧，是他女朋友？」小佩乖巧地用力點了點頭。

「唉……」家明長嘆一口氣。「剛才發生的事妳都見到了？那好，我還有幾句話要交代。阿豪的本性是好的，只不過……唉、好，過去的我們不提了。妳以後別再讓阿豪參加這種神秘迷幻的事情了。最好連各種宗教活動都能免則免，知道嗎？第二，妳要常鼓勵阿豪這輩子多行善事，在能力可及的範圍內盡量多做些慈善公益。善事的定義是很廣泛的，不一定要跟宗教扯上關係，總之今後心存善念，多行善事就是了。明白嗎？」

小佩眼眶泛紅，點頭稱是，家明又說：「還有，我想冒昧多講妳幾句……」他頓了一下才道：「這些所謂的神秘主義，靈異世界等等，都是很危險的遊戲。這些虛幻的事物都與真正的性靈無關，只會把妳引上岔路去，妳明白嗎？真正的智慧是在人生裡淬鍊出來的，不是在這些個虛無縹渺的領域裡找的……好嗎？心外求法即是非法，妳只要記著諸惡莫作眾善奉行，好好看護好自個兒的本心就是了，明白嗎？」

小佩用力地又點了點頭，家明和顏悅色繼續說：「這些誘惑人心的東西自有它的神奇魅力，這種遊戲風險極高的，並不是每個人都玩得起，別在這上頭白費金錢與力氣了。做人還是腳踏實地的好，須記得：平常心是道。不要被這些裝模作樣的外相給騙了。嗯……我……我講話要是重了些……還請妳別見怪才好。」家明輕拍小佩的肩膀：「趕快回去休息吧，往後阿豪還需要妳呢。」

家明說完就自顧自轉身離開，完全沒再回頭。他走到林先生胡老師旁看著這邊的情形：胡老師仍沒醒過來，林先生緊握著她的手。我倒是多了個心：這兩人是什麼關係？夥伴還是師生？或是，戀人？

林先生與家明對望了一眼，終於還是家明先開口：「我看還是讓她繼續休息好了。今天的事差不多如此，我們就先告辭了。」

那林先生看來有些欲言又止，家明給予一個抱歉的笑容：「今晚這樣是辦不成事了，不如讓她好好睡一覺，真有話我們改天再說。」語畢，家明便不容分說地往門口走去穿鞋了！我也跟著向眾人一一告辭，那黃小姐千謝萬謝地送了出來。

回到車上看見那兩個冷掉的漢堡，才想起我竟一整天都還沒吃過東西。

9

我拉著家明到附近著名的清粥小菜街去吃頓消夜，順便想跟他聊聊今天晚上是個什麼狀況。幾口剛炒上來的青菜下肚，頓時我們胃口都開了，也顧不得多談其他，先填填肚子再說。

菜都上全了，家明仍不多話，專心地吃飯吃菜。我簡單扼要，大致把晚上的情形跟他描述了一遍，還有我對小佩小豪黃小姐胡老師林先生等主要人物的初步看法與感想都講了。家明不置可否地明顯沒多大興趣，只是偶爾「唔，唔」幾聲，算是表示他有聽到了。我倒是覺得今晚上的事件還有這些人，都相當地戲劇化呀，怎麼講都不是現實生活中會輕易遇到的事情，想想還挺興味盎然地。但家明只是邊聽邊吃，偏不表示意見，我只好改變話題，隨口便問：「你下午上哪去了，怎麼電話都不開機呢？」

家明放下碗筷喝了口茶，回答我：「去探望個長輩。」

哦？我鮮少聽過家明提到他自己以外的任何人事，甚至說這該是第一回吧。「什麼長輩？你家裡的呀？」我問。

他搖搖頭又說：「不，說是前輩也可以。既是長輩又是前輩。嗯……」我見家明遲疑了一會，似乎在思索如何繼續說下去比較好。

家明邊又吃了口菜，喝口茶，用不是很肯定的語氣對我說：「或許可以帶你去見上一見。」我像是怕他改變主意似的，忙說好啊好啊，一定要帶我去見見這位長輩。

他瞧著我，慢慢地，像是細細盯著我看。家明的眼神從圓潤到銳利到平和又回到圓潤，彷彿心裡面也已經轉換過多種情緒似的，有堅定有懷疑有鋒銳有寬懷還有一絲絲傷感。家明雖沒說話，但我可以感覺到他心裡已經不知閃過多少念頭飄過多少思緒。

「是怎麼呢？」我在心裡偷偷想著。見這位長輩會有什麼隱藏著的內情或顧忌嗎？我不明白只是隨口一聊，竟讓家明如此認真地犯難起來。

家明看出我的疑慮，馬上換出一副靦腆的笑容掛在臉上對我說：「讓我再想想好了，我也不很肯定，容我再想想，再想想吧。」

我聳聳肩，可有可無地悶扒了兩口稀飯。

待桌上七八道菜餚全被我們吃了個盤底朝天，我與家明都有種「今天終於可以結束了」的感覺，慢慢喝起茶來。

這時我的手機裡進來一則簡訊，是那中心的負責人黃小姐。不免又是客氣地千謝萬謝一番，並想與我跟家明約個時間當面答謝。

我問家明，這該怎麼回呢？答應不答應？

家明臉上露出一個尷尬的苦笑，搖搖頭對我說：「你先將就應付看看吧。這些人……很麻煩的啊。」

很麻煩的啊！家明這麼說的時候，我感覺得到他的聲音裡充滿了疲倦。

結完帳，我送家明去拿他的車，臨下車時家明問我：「你對 Witch Hunt 知道多少？」他留下這個沒頭沒腦的問題丟給我，說聲晚安，就關上車門走了。

⑩

這些人確實是很麻煩。

接下來的一個禮拜我都想把手機給扔了。頭幾天倒還好，就是黃小姐與小佩阿豪的道謝電話與簡訊，舊同事與塔羅老師的關心與道謝電話，這倒還沒什麼，客氣應付就打發了。誰知接下來幾乎每天都有陌生的號碼來電，千篇一律都是有問題要求助於家明的。口氣有委婉客氣的，有無禮魯莽的，有理直氣壯更有滿腹委屈的。雖是形形色色，但通篇盡是這樣莫名其妙的。

最令我哭笑不得的是還有好幾位把我當成家明的，狀況都還沒搞清楚，便自顧自地說了半個多鐘頭話，搞得我本來還存著的幾許有趣與同情都煙消雲散了。

怎麼會有這麼多人有這麼多奇奇怪怪的疑難雜症？

怎麼會有這麼多人遇上問題盡是想往這渺茫虛無的方面找答案？

怎麼會有這麼多人開口求人還一副理所當然應該欠他的態度？

怎麼會有人未經當事人的允可就隨便將別人的手機號碼外流呢？

我開始懷疑過往所有見報的詐財騙色新聞，其實是供需層面的經濟問題吧。

這下倒好，我成了家明的經紀人了！他們願打願挨，我來個值千抽百倒也不失為一樁好買賣……這荒謬想頭的白日大頭夢作完，看著手機，我還是只想把它給扔了，管它是多大買賣呢！下回一定要跟家明敲頓好的，豈能白讓我為他擋了這麼多麻煩。

牢騷閒話發過便罷，家明留下的那個 Witch Hunt，我倒是上網好好做了幾天功課。雖然我不知道家明怎麼會突然丟出這個線頭，但我想必定是有用意的。況且這個題目研究起來，倒真是有好大一篇文章可做。

真不敢想像在幾百年前的歐洲與美洲大陸竟然有數十萬名婦女無端橫遭迫害與

酷刑，慘死在這一場荒唐無理的群體運動裡。她們的幽幽芳魂是否仍徘徊於暗不見天日的荒煙漫草中，低吟於森林沼澤間的無名荒塚裡？她們，可有辜嗎？可甘願嗎？能瞑目嗎？

這場獵巫運動本質上根本就是政治的、宗教的、社會的階級鬥爭哪！女巫與巫術甚或魔鬼崇拜，只不過是妖魔化與汙名化所必備的莫須有罪名而已。

這裡面哪有什麼女巫跟魔鬼呢！有的只是人類社會的階級鬥爭罷了。這是百分之百人類文明（好可悲的文明）的產物啊！

我繼續想著：這些婦女們真可惜生不逢辰；要是早生個幾千年，在古埃及就是個女祭司了，那可是當時的國師地位尊隆哪！又或是晚生個幾百年，活在今天的社會氛圍裡，恐怕就是個上馬金下馬銀的一派宗師或教主了；再其次還有政界商界聞人爭相供養攏絡攬為己用；至不濟也有應接不暇的紅塵男女捧著追不盡問不完的大小紅包與問題，奉為人生導師了。

說不定還上上談話性節目，當起通告藝人呢……以這樣的時空顛倒來看，人類文明到底是越來越進步還是越活越回去了呢？

好，我又想左了。這場人類歷史黑暗的悲劇又活生生被我瞎編瞎想搞成荒謬穿越劇了。我想我是悶壞了，應該把家明找出來聊聊。

⑪

這天下午我先拉著家明到山上的一家溫泉餐廳，舒服暢快地泡完湯兼還品嘗了山產野味及高山蔬菜後，我們到了一處夜景頗佳的景觀咖啡廳坐下來。如此豐盛的行程自然是我安排的了，不好好敲他一頓怎麼成。

我向他抱怨這些日子來，我極為難地扮起黑臉，為他擋掉許多詢問及請託，家明端起咖啡敬我，還給了我一個淺淺的微笑。那個笑頗有韻味，我突然醒悟自認識以來，他的低調作風與諸多不近人情來去忽然的行徑，原來箇中有這樣不足為外人道的成分在。這種種滋味夾七雜八確實是沒法同外人說得清的。

我感到心頭一酸，一聲「我明白了！」脫口而出，家明恰到好處地拍了我一下，止住我要說的話，「明白了就好，其餘的不用多說了。」

他欣慰地看著我，霎時間我知道我們的交情與默契又更深一層了。

我確信家明是個善良熱心而有情的人，絕不是個自掃門前雪的。我問家明，他避之唯恐不及的，應該不只是這些蜂擁而至的麻煩而已吧？

家明喝了口咖啡，端詳著自己的左手掌心，自顧自地緩緩說道：「有些人、有些事，是注定見不得光的。一見光，不是寵就是辱。寵辱皆若驚，皆為大患啊！」

我覺得寵辱若驚這句話聽著相當耳熟，正在尋思出處的時候，手機又響了起來。我一看果不其然又是個陌生的號碼，正打算要把它按掉的當兒，家明突然說：「我想你最好接這通電話。」

電話那頭是一個沉穩和緩的聲音，與之前那些陌生電話裡的口氣態度完全南轅北轍，對方自報姓名，是那天晚上頭髮灰白的中年人林先生。這可好，還有人不知道我電話號碼的嗎？

不過這位林先生倒是相當爽朗，講話也有條有理，顯然是極為理性且有相當閱歷的。他表明來意，亟欲與家明一晤，希望我促成安排，他也知道如此頗有冒昧，但一來想要當面向家明答謝當天的幫忙，二來希望有機會與家明討論關於胡老師的後續狀況。我喜歡與這樣頭腦清爽的人打交道，便跟他多攀談了幾句，然後便與家明敲定了和林先生碰面的時間。

原來那位胡老師當天晚上回去之後，一連發了七天高燒，還伴隨著時不時出現的抽筋與囈語。這七天都虧了林先生在旁看顧照料，他說到胡老師七天之後高燒竟不藥而退，整個人虛了一圈，兩眼無神四肢發軟，用林先生自己的話說是：竟像是同一具身體裡住著不同的靈魂了。林先生試過他自己最為擅長的靈氣方法，但完全看不出明顯效果，胡老師仍是大半時間都癱在床上，雙眼渙散失神，醒時淚流滿面，睡時夢話哭喊連連。

在電話裡聽到林先生描述胡老師的後續狀況，我真是大吃一驚，本以為一切都塵埃落定風平浪靜的了，沒想到胡小姐的情況竟如此之糟。我猛地憶起那個詭異神秘的老嫗，這些情況同她有關嗎？她還在胡小姐身畔嗎？

我疑雲滿腹望向家明，他卻看著遠方山下燦爛如畫的萬家燈火；他又是怎麼知道這電話是誰打來的？

本以為事件已然告一段落，想不到真正的高潮才正要開場。此時的我恐怕比那林先生還心急，急著讓家明趕快與他見上一見。

⑫

依舊是在黃小姐經營的中心裡。白天看來這裡其實顯得窗明几淨，採光及通風都很良好，環境與擺設都很乾淨雅致，與那個詭異驚悚的夜晚比起來，倒真不像是同一個場所。

這是一個週一的下午，該中心固定的公休日。屋子裡頭只有我與家明，林先生與負責人黃小姐。

黃小姐極為熱情地招呼我們三人，還準備了豐盛的茶點與飲品，一陣寒暄客氣後，她主動提到她還有些行政庶務要處理，便留下我們三人在客廳繼續聊，她則識趣地進到她自己的辦公房間去了。

我到現在才有機會好好打量林先生，他的雙眼炯炯有神，眼神也相當銳利，長長的臉型，大且高挺的鼻梁，顯得個性剛毅且有主見，身形雖不高大，但確實有點架式與氣質在。

他講話相當直來直往開門見山，但也不免先來一頂高帽：「家明您的功力我們那天都見識到了，您處理阿豪的狀況確實有獨到之處，能力與見識也都非我們所能及。就算沒親見您出手，但不瞞您說，其實與您面對面相處我自然感覺得到家明兄身上確實有非凡過人之處。想必您的身分與歷練應該也是不同凡品吧！」

家明仍是一貫地笑著擺擺手：「林先生您過誇了，因緣湊巧誤打誤撞，當天事出緊急沒能來得及與您參詳就冒進了，失禮之處還請多多包涵才好。」

林先生乾笑了兩聲說：「嘿嘿，人外有人哪。這點自知之明我還是有的。家明兄這話是謙虛我心裡明白。今天還有事要請教，希望您能放開來說，無需過謙，也不必有什麼顧忌。」他頓了一頓又說：「咱倆明眼人不說暗話了，我想請教您海蓮娜的事情。」

海蓮娜？我問。

「喔，」林先生笑道：「海蓮娜是胡老師的英文名，我都叫她英文名字叫習慣了。」

「嗯，」家明問：「聽說她病了好幾天，現在呢，狀況可還好？」

林先生皺著眉頭說：「身體的部分除了虛了點，算是沒什麼大礙了，但精神狀態相當不好，感覺相當耗弱……嗯……而且不瞞您說，我覺得她像是換了個人似的。」

「怎麼說呢？」家明傾身：「願道其詳。」

林先生想了一下，才緩緩開口：「家明兄您知道的，夠敏感的人彼此是分辨得出來的。這幾天在海蓮娜身上我已經感覺不到先前的靈氣與能量了，只有大量的濁氣與濃郁沉重的傷痛。那股傷痛的感染力極強，濁氣的能量強大到連我都不敢靠近，坦白說我真是束手無策，也毫無頭緒了……這跟我所認識的她截然不同……」

我本就挺好奇他們兩人的關係，便就問：「你們認識多久了？」

家明還幫忙推了一把：「是啊，之前胡小姐是什麼模樣我們也很想知道，方不方便請您給我們說說？」

林先生嘆口氣，端起茶杯，整個人陷入深深的深深的回憶裡……良久才慢慢開口說：「這要由哪說起好呢？唉……海蓮娜從小就是個特殊的孩子……」

海蓮娜從小就是個特殊的孩子。

她打國小起就展現出異於常人的學習與記憶能力，這些是大人知道的；大人們所不知道的，是海蓮娜還有極強的第六感直覺。哪個小朋友玩耍將要跌倒受傷，哪個老師會有意外或病痛，街上哪處等會要發生車禍，同學或家人有什麼事要發生，海蓮娜幾乎都會事先知道。隱忍了許多時日之後，善良的海蓮娜忍不住會把將要發生的壞事提前說出來向當事人示警。

這樣的預言能力與好心腸卻讓海蓮娜成了大人與小孩都避之唯恐不及的災人，深恐從她嘴裡說出什麼不好的壞事來讓自己大禍臨頭。被當成烏鴉嘴掃把星的海蓮娜受盡了大人的痛斥與同學的排擠，終於把自己的嘴巴與自己的心一起緊緊地封閉起來。

更糟的還不只這些。海蓮娜的母親是一個性格極端、脾氣暴躁的婦人，往往一點小事就會衝著海蓮娜發洩情緒，真的脾氣上來時總是對海蓮娜一頓毫不留情的痛打臭揍。海蓮娜常常穿著長袖長褲上學，就為了遮住渾身的累累傷痕。她始終不明白，為什麼自己的媽媽就不像同學們的媽媽一樣慈祥親愛，為什麼自己的媽媽總把自己當成仇人，動不動就是惡毒的語言或拳腳相向。

海蓮娜的父親很早就過世了，海蓮娜模糊的印象裡只記得父親常抱著自己在傍晚時分到外頭散步看夕陽。於是父親過世後的每個傍晚夕陽西下時，是海蓮娜最痛苦難熬的時刻，那是她最想望卻也最不可得的身影，那是她永遠無法重溫的溫暖的傍晚時光。那是她還唯一依稀記得愛的感覺的記憶，而她已不願再想起。

海蓮娜就這樣在眾人的排擠與母親的痛打中辛苦地長大。她的預言能力越來越強，甚至也能知道別人心裡在想什麼了。但她的心也越關越緊，深怕滿盈的傷痛與悲哀會溢滿出來，將海蓮娜沒頂吞噬。

十七歲高二那年，海蓮娜的母親，在大年除夕的傍晚在家裡上吊自殺了。

懸在房上的屍體還是海蓮娜發現的。那時她剛從街上買了些過年應景的小裝飾品回來，打算佈置家裡的。海蓮娜與母親的屍體一起待在家裡，不知道過了多久，直到深夜她才打電話報警。

警方抵達的時候，海蓮娜面無表情地坐在屍體旁，直到母親的遺體送走，海蓮娜都沒有開口說過一句話，臉上的木然表情也一直都沒有變過。是海蓮娜的小阿姨來把她接回家過年的，連後來母親的後事也是小阿姨一手打理。母親沒有留下隻字片語，沒有人知道她為什麼尋短，更沒有人知道為什麼她偏要選在大過年除夕夜闔家團圓的日子，在這世間留下永遠無法磨滅的傷痛。

海蓮娜頭兩晚住阿姨家時，都沒開口說過一句話吃過一粒米。到了第三晚突然從她房裡傳來淒厲的哭喊聲，那聲嘶力竭的哭喊聲幾乎持續整晚。小阿姨被鎖在門外，她隔著房門靜靜地陪伴海蓮娜，讓她把所有的傷痛與傷心一次哭個痛快。

沒想到這一哭，海蓮娜就住進精神病院去了。

隔天早上海蓮娜開了房門，一雙紅腫的眼睛看著阿姨鎮定地說：「阿姨我覺得我快要發瘋了，我是說真的，我真的覺得自己不對了。我想要去住精神病院。」

海蓮娜在醫院療養了半年。讓所有人吃驚的是，出院後的她一切恢復正常宛如什麼事都沒有發生過。母親的虐待與自縊似乎在她身上已找不出任何痕跡，這些都只像是作了一場噩夢似的。海蓮娜甚至變得比以前更正常，她甚至隔年還以同等學力考取了某私大的哲學系。

大二那年海蓮娜二十歲，在某一次社團活動中，海蓮娜認識了林先生。

那時候林先生在身心靈界已略有小成，東方西方傳統現代的各式法門皆有所研究涉獵。那次的活動是催眠體驗，初見面林先生就強烈感覺到海蓮娜是一個特殊的女生，在她身上蘊藏著某股神秘的能量與靈能。

經過社團老師側面的了解與引薦之後，海蓮娜與林先生相約做了一次催眠。這是一次扣人心弦的催眠，林先生帶著海蓮娜回顧了生命中數次意義重大的轉折點，海蓮娜鉅細靡遺地第一次在催眠狀況中，說出了從來沒對人說過的種種心路歷程，與一路走來各式各樣的悲哀傷痛辛酸苦楚。隨著這些回憶一一釋放出來，被海蓮娜封印起來的特殊能力也突然開啟了。而這一次，這些能力比小時候更強大，更震撼。海蓮娜不只是具備預言能力而已，她已經可以跟靈界接觸溝通，不論是亡者鬼神或生者的靈魂，海蓮娜突然成為一個敏銳高強的靈能者。

經過林先生的鼓勵與指導，海蓮娜有意識地訓練自己的能力，並廣泛閱讀相關書籍，不論是宗教的哲學的神秘學的，海蓮娜像一塊乾癟的海綿努力地賣力地大量吸收相關知識與學識，並在林先生的輔導之下開始接手個案療癒。這一下可真是轟動了，海蓮娜的能力在各式各樣的個案問題中淬煉得更為精湛，在療癒師與靈媒身分的雙重影響之下，海蓮娜已完全走出昔日的陰影；她不再以自己的特殊能力為恥，亦不再受母親遺留下來的陰影所籠罩。她清楚地認知到：自己的能力與經歷都是為了幫助世人來的。在療癒與幫助他人的同時，海蓮娜自己也越來越開心，越來越能接受自己疼愛自己。

她也完全感受到林先生對自己，除了長輩對晚輩的愛護與提攜之外，還有異性間的情愫在。這時的海蓮娜已經是一個成熟的女人了，對這樣的事情自然能坦然面對也接受了。

大學畢業後，海蓮娜覺得自己的所學仍有不足，決定出國繼續唸書，也遊歷一番。林先生倒是難得的無私與大氣，相當支持海蓮娜繼續發展的想法。海蓮娜首先在英國唸了一年哲學研究所，又轉往印度遊歷靈修，再到美國麻州唸了一年心理系。算了算，海蓮娜去國將近三年，回來也快五年了。這些年來海蓮娜的發展已不可同日而語，充分的學識與經驗加上特殊強大的靈能，海蓮娜一路確實幫助了不少人，也更堅定自己投身這個方向奉獻的信念。

但這一切，在那晚的降靈會之後，全都改觀了。

⑬

林先生說完這麼一大段往事，喝盡了手上的茶，又斟上一大杯，心事滿懷地看著我們又說：「那晚之後海蓮娜的情形就變這樣了。又是哭又是作夢，簡直就像是回到小時候住進精神病院的模樣，我真不知道該如何是好……」

我轉頭看到家明瞧著窗外，雙眼竟然已經泛紅，良久沒有開口。他長長嘆了口氣，閉上雙眼，低著頭好一會，家明竟然就這樣怔怔地留下兩行眼淚來。

認識家明以來，這還是我頭一回看到，不由得愣住了。

家明的淚一直沒有停，偶爾口鼻間還發出幾聲唏噓。他抬起頭似乎在跟誰輕聲說話似的，我抽了幾張面紙輕輕放在他的手裡。他沒有擦，就這樣任由淚流了滿面，沾濕了衣襟。

林先生表情肅穆，似乎這不是一個大男人流淚的尷尬場面，而是某個神聖莊嚴的場景，莫不成他是感覺到什麼了嗎？

家明嘴角顫抖著，流了好一會淚才回過神來，對我們說聲抱歉，就起身到洗手間去了。留下我與林先生四目交望，與一陣令人發窘的沉默。

家明由洗手間出來後，似乎已經整理好自己。他看來若無其事，又恢復平常我所認識的模樣與神情。林先生問，海蓮娜目前的狀況是怎麼回事，家明又是否有什麼意見或方法能幫幫她。

家明定睛看向林先生，從這眼神我確定家明確實已然恢復了。他堅定地看著林先生，一個字一個字慢慢地說：「我想先問您，您希望海蓮娜是怎麼樣的一個人。」林先生滿臉不解，家明又繼續說：「您希望海蓮娜是一個身心健康精神愉快，過著一般平凡生活的正常人，還是一個身負異能的奇人異士，為滿足眾人的諸般需求而活？」家明一番話如舌綻春雷，轟得林先生愣在當下。家明不容他思索又緊接著說：「其實，海蓮娜從來沒有『正常』過，她甚至沒有『好』過。她的這些能力全是一種病態與變態的結合。」

林先生被家明的突兀說法震撼住，瞪大了眼睛張大了嘴，一副渾不可解的神情。

我想起那個老嫗，難道家明的意思是……？

家明待林先生喝了口茶，喘口氣之後才又說：「海蓮娜的靈魂位階確實很高，已經是大祭司等級的了。但您想想，這年頭還有什麼祭司嗎？幼小的海蓮娜因為預言能力而備受排擠，這對久為統治階級，受萬民朝拜的祭司靈魂而言，是多大的羞辱多大的反差？這樣扭曲的高強靈魂住在海蓮娜小小的身軀裡，再加上她悲慘的童年遭遇與家庭暴力，海蓮娜靈體裡這無明的黑洞有多大，簡直無法想像！而這個黑洞在她母親過世的當晚達到最盛，整個炸了開來，您知道黑洞的引力有多強大，是連光線都逃不出來的。她母親四大解散的時候，附在她母親身上的女巫幽靈也脫開出來，就這樣趁勢就便也被海蓮娜的黑洞給吸了進來！」

沒想到小海蓮娜的身世坎坷，就連靈魂層面也這麼曲折離奇！我驚恐地問家明：「你是說……海蓮娜的媽媽……那個老嫗原本是跟著她的嗎！難道那個老嫗生前是個被獵殺的女巫？」難怪他要我去查 Witch Hunt！

家明搖搖頭說：「我所料若是不錯，海蓮娜的媽媽生前必定也有異能！她一定是深惡痛絕自己百般掩蓋的能力，偏又生出了個有預言本領的海蓮娜來，才會老是這麼沒來由地虐待毒打海蓮娜！」

真是要命了，這到底是什麼淒慘的母女組合。慘遭虐殺性情大變的女巫媽媽生了個靈力高強的大祭司女兒……此時我腦海裡浮現的不是那天晚上白衣白褲秀麗高雅的胡老師，而是滿身傷痕累累，一個人蜷縮在精神病房的小女孩！我的天呀，我簡直無法再想下去。

林先生看來瞬間老了好幾歲，陷入了深深的沉思當中。只聽他喃喃說：「不可思議……不可思議……」好一會，他似理好了頭緒，向家明問：「您的意思是，海蓮娜的能力，全是來自那個大祭司，那個女巫，以及她自己的靈體黑洞？」

家明斬釘截鐵地回他道：「最主要還是那個黑洞。她的靈力有多強，那個黑洞就有多大。」

林先生似乎理解得相當快：「一個失去光環地位的古代祭司，一個滿腔仇恨慘遭獵殺的高強女巫，再加上海蓮娜身世遭遇的情緒黑洞……我竟渾然不知……渾然不知啊！我還以為海蓮娜的強大能量是她的天賦天命……我以為這靈能是她的天賦，才這麼鼓勵她以幫助世人來走出自己的黑暗面，沒想到，這竟是她最大的病！」

林先生邊說著也邊流下淚來，我趕忙遞上面紙。這是我今天給第二個男人擦淚了。

家明拍拍林先生的肩膀說：「林兄，您知道嗎？幫不幫助世人並沒那麼重要。療癒好她自己的黑洞才是最重要的。壓抑痛恨也好，鼓勵發揚也罷，那畢竟都是外來的意志強加在海蓮娜身上。我們這些人也好，鬼也好，都應該放過海蓮娜了。今後她想做一個什麼樣的人，那都只能是她自己的決定，不是我們可以橫加干預的。我說這話您別見怪，但我確實是這麼認為，她的路該怎麼走，不應該是您來決定或影響的。」

我看林先生細細咀嚼家明的話出了神，呆坐在椅子裡，說不出話來。我想換個主題便問家明：「那麼那天晚上的降靈會又是怎麼出錯了呢？」這問題他一直沒肯正面回答我，乾脆趁現在提出來問問。

「那晚，這間屋子只有兩個字可以形容——『冤屈』！海蓮娜靈體黑洞所發出來的靈力，透過那法力高強的女巫所發出來的能量，像具擴大機似的，整間屋子的場域特性只會召喚來充滿冤屈悲憤的靈魂，於是天時地利人和因緣俱足的情況下，那條冤魂方能如此找上門來，輕易就上了阿豪的身！他不是說他好不容易才等到這個機會嗎？就是剛好陰陽正邪的能量如此顛倒，才讓他有可乘之機呀！況且，你們大家都被阿豪的狀況給吸引住了，其實當晚這個屋子裡，悲恨滿懷的靈魂可是擠滿了整間啊！」

原來是這麼回事，怪不得那晚我一進來就頭疼胸悶，還感到陣陣的疲憊。

沉默不語的林先生這時突然發話了：「那麼海蓮娜那晚之後怎麼會有這樣的狀況呢？」

家明貌似有為難狀，又不好不回答，遲疑一陣才坦然答道：「不瞞您說，那晚上我看那老女巫鬧得實在不像話，我若不出手制止，阿豪的狀況只怕難以收場，屋子裡的靈魂也會越聚越多，於是我只好將她封印住驅往別處，交人帶走處置了。海蓮娜的狀況其實是那老婦離去之後所留下的能量缺口引起了一陣靈體的混亂與失衡，嗯……我推斷海蓮娜的精神狀況正是因為隱匿極深的無明黑洞在老婦人的覆蓋消失之後，終於有機會浮出水面來，讓我們得以正視這個根源問題。」

家明說的這番話，我不在那個圈子裡，實在聽得似懂非懂，頂多勉強可以摸到個邊吧。但他從來也不會跟我說這一類的話，我頭一回聽家明講到這些用語與措詞，雖然不懂，倒也覺得頗有深理。

林先生就不一樣了，他似乎完全沒有銜接理解的困難，（事後我才知道原來家明是特地挑他可以領會的習慣用語來談）又接口問：「那我能做些什麼來讓海蓮娜恢復？或是家明兄有什麼建議沒有？」

家明兩手一擺，說道：「我的態度還是一樣的：沒有什麼比療癒好她的黑洞更重要的了。有沒有靈力，能不能幫助眾人，我真的覺得一點也不重要。她今後要過什麼樣的人生，也是她自己的決定。就算海蓮娜真的願以療癒他人為職志，但一個偉大的療癒師豈能不由自我療癒做起。放任著自己這麼大一個無明黑洞不理，這不是太本末倒置了嗎！況且，嚴格說來海蓮娜的靈力以佛家語而言，其實是一種『依通』、『鬼通』。這本質上就是一種變態現象，她每接手一個療癒個案，事實上也就多吸納了一份對方身上的黑暗能量，而更加深了自己身上的黑洞！」

家明越說越激動：「你們有沒有想過，海蓮娜自己才是最需要幫助，最需要被療癒的病人！沒有人關心她心底深藏著的傷痛，只因為那些目為之眩的靈異奇能，便鼓勵她走上什麼救世渡眾的道路，這些全是虛幻，全是妄念！凡所有相皆是虛幻！只有她的無明與她的傷痛才是真實不虛的呀……」

我頭一回聽家明講話如此之重，口氣如此憤慨激動。他的話語如九天雷動，一個接著一個的焦雷轟得這屋裡一片死寂，我與林先生久久說不出話來，只有陣陣餘音與低嘆在這屋裡迴盪著。

過了好一會，家明從包裡拿出一個信封交給林先生。「這裡頭有我預備的兩張紙。您回去給海蓮娜枕在頭底下睡著，這可以協助她的靈體與身體早日恢復平衡，也會協助她的能量再度聚集。我想睡個幾天海蓮娜就可以恢復的了。不過，講到療癒海蓮娜黑洞的話，解鈴還需繫鈴人，我相信林兄您是有心也有力的，比起我這只一面之緣的因緣又多有不同了。只不過這個過程曠日費時是極花時間與心力的。我想……這個……若是您專注在協助海蓮娜走出心裡頭的黑洞，而不是努力要把她形塑成您想要她變成的樣子，那麼……成功機會是很大的。今日我說話多有放肆，還請您多多海涵了。您應該可以明白，平凡而平安，就是一種莫大的幸福了……真的……」

語畢，家明站起身來拱手道：「接下來該怎麼走，已不是我能左右的了。我今天所說的話，您不必完全都讓海蓮娜知道，但我已經都攤開來跟您挑明說了，我相信您的智慧會做出最好判斷的。有需要用得著我的地方，改日再參詳吧。」

⑭

我與家明告辭出來後往停車場走去。家明一臉惆悵，看似已經倦了。果然他說：

「我有點累，先回去休息了。」

我點頭說好，拿出一根菸點上，目送他的背影離開。

當時的我看著家明的離去身影，想到像家明這樣的人活在此時此地，到底是會如古祭司般地位崇隆，還是會像那些女巫慘遭迫害追捕獵殺？

是日過後，我時常想起那些因緣際會中交織拼湊出的眾生相貌。追逐虛幻的癡愚，怨懟折磨的禁錮，妄念叢生的無明，因緣環扣的果報。真如家明所說：平安是福、平常心是道了。

偶爾，當我想起那些陌生來電，我不禁感覺到將家明這類人奉若神明，過不多時又視為妖孽必燒之殺之的，只怕都是這同一群人了。

偶爾，我會想起海蓮娜跟她的媽媽，還有她靈體裡那個祭司與女巫。

歷史不斷重演，其演進軌跡是如此驚人地相似。不同的旋律唱著同一首歌。

我突然覺得家明這類人只能是在寵與辱的夾縫中求生自保的幽人罷了，見不得光的。

魂歸來兮

家明拿來一筆交我手上，自己捧著紙，要我開始寫。我看著我的右手勉強顫抖地寫了幾個歪斜的大字「你們為什麼不聽話」。那不是我的筆跡，這歪斜的字體我以前看見過的……

我曾問過家明，願不願意多講一些他的故事讓我寫出來。當時他搖搖頭沒作聲，像是一種斷然地沉默地堅定地拒絕。但跟著家明混了這麼些時日之後，其實我已經累積不少故事材料了。我本盤算，這樣就算你不說我也有得寫哪。

不過我漸漸明白我想得太簡單了。

首先關於家明這個人本身的故事我就一無所知。他的過往種種，他因何緣由成為今日的他，還有他在遇上我之前所經歷過的故事，這些事情如果他始終不說的話，我是永遠無法知道的。

甚至，即便現在我們雖然共同走過一段路，但這當中若是另有什麼精采故事發生，而他沒有叫上我，我依然不得而知。

當然我不是偷窺狂，對這些故事是不是一定都要知道，一定都要參與也沒那麼堅持。更何況，到目前為止我所歷經的旅程已經相當精采絕倫，令人瞠目拍案了。

但有時候我會想起：那些我來不及參與或無緣得知的故事，不知是一幅何等風景的深邃山水。

有時候我還會想起：家明眼裡所看出來的這大千世界紅塵眾生，是一幅什麼模樣的遼闊圖畫。

這當中的豐富意象，我不能只憑揣測推斷；我想我必須藉由這諸般經歷中，自己的觀察體會，來取代局外人摸大象般的外圍思考才行。

關於諸此種種，我本想寫實，後來卻發現只能寫意了。

①

「你的筆記進行得如何了？」家明輕輕放下咖啡杯，一雙圓眼盯著我問。

「啊……這……這個……」我毫無準備，冷不防被這麼一下問得措手不及。

「你不是一直都在做筆記，記錄一些事情嗎？」

「是，是啊……」我支支吾吾。「你怎麼知道？」

家明笑笑說：「呵，你不是問過我，要我多講些故事給你寫的嗎？」

我停了一下才說：「其實都是隨便寫寫啦，記流水帳似的寫些生活札記囉。」

「嗯，那麼進行得如何了？」

「還好啊，就雜記與感想嘛，等數量再多些才要開始整理。」我作賊心虛。

家明傾身問：「整理？你還想發表啊？」

「發表我是還沒想到那去啦，但整理整理是有必要的。你知道，故事很多又很雜，我隨手寫的也很凌亂，所以……還要整理才行。」我本想說還在收集故事題材與人物階段，等數量與種類都夠多了，再來分門爬梳的，但我沒有把握說出口後果如何，就不先打草驚蛇了。

家明喝了口咖啡，像是若有所思，又問：「你這麼認真啊，值得嗎？」

我輕描淡寫回答他說：「反正我的興趣嘛，當作打發時間的排遣也好。」

家明好半晌沒說話，臉上又露出少見的遲疑神情。這回他停頓了良久，才徐徐開口：「上回跟你提到過的長輩，其實……其實我本想讓你寫寫他的故事……」

我不急著發問打斷他，讓他慢慢整理好思緒再說。

「我自己的私心是希望他的事蹟多少可以有些記述或證據流傳下來；但未經他的允可就私自這麼做，其實我心裡頭有點過意不去，我也沒有把握這些事流傳開來的後果是福是禍……所以……所以我才這麼舉棋不定。」

「這位長輩跟你是什麼關係呢？是一個什麼樣的人？」

家明訕笑地說：「光這兩個問題就說不清了哪。」家明說完又低下頭來看著自己的雙手。這似乎是他難以決斷或心有旁騖時的習慣動作。

我看得出家明又期待又怕受傷害的矛盾心情：又想留下些什麼紀錄來，又不願公開大肆宣揚。這時就要感謝我記者生涯所受過的專業訓練了。對於家明這樣欲言又止多所顧忌避諱的採訪對象，我們記者自有一套引導與發問的技巧。於是我進一步問他：「為什麼你突然想讓我將他的故事寫下來呢？」

家明幽幽地嘆了一口氣道：「因為他的時間，已經不多了。」

我感到其中必定有戲，決定要趁他心頭猶疑未定的當下，想辦法多挖些內幕出來。雖然這麼趁人之危有點不厚道，但機不可失，要是待會家明下定決心不說到底，那可是拿鐵鍬來也撬不開他的嘴。

我招手喚來侍者，又續了兩杯咖啡並點了一份三明治，打算好整以暇，慢慢誘導家明開口說話；卻沒想到在這大白天的下午，人聲吵雜的咖啡廳裡，家明說了一個令我瞠目結舌，以為只有古代雜談筆記裡才讀得到的傳奇故事。

②

德老住進醫院已經超過半年了。從他入院以來，身體的狀況便穩定地持續衰敗著。以一名年老體衰，患有長期慢性疾病的臥床病人而言，醫院住久了，身上各式各樣監測心跳血壓等生命指數的管線也開始慢慢增加。德老是個非常合作，完全不給人添麻煩的病人，對於醫生與護士的悉心照料，除了時時表達感謝外，甚至還懷有些過意不去的歉疚。

唯一比較特殊之處，是德老的睡眠時間不大正常。德老通常都是白天睡覺，晚上醒著。值大夜班的護士都知道，德老晚上大多靜靜地躺在床上，還會與巡房的護士打招呼。有好幾次護士巡房時，似乎還聽到德老像是在跟什麼人說話似的，探頭一看，明明房裡陪病的家屬早已睡得香甜，只見德老憨憨地摸著頭，對著護士微笑。大家早已習慣，也不以為意，只當是老人家晚上醒著時無聊的喃喃自語。

上個月的一個清晨，德老房裡監測儀器的警示音突然大作，各項指數全都急轉直下，值班護士與醫生緊急將德老推進加護病房，經過一番急救處置，並在家屬的同意之下，施打了兩劑強心針，這才驚險萬狀地將德老自死亡邊緣搶救回來。

沒想到，在昏迷了一天之後，德老清醒過來恢復意識後的第一件事，竟是拖著虛弱的病體將大家痛罵了一頓。

由於插了呼吸管不能說話，德老示意家人要用筆談，只見他勉強拿起筆，在紙上搖搖晃晃歪歪斜斜地寫了幾個大字：「為・什・麼・把・我・救・回・來！」

眾人一看面面相覷，完全搞不清楚狀況地莫名其妙。德老卻還沒「罵」完，換過一張又一張紙，德老費力地在好幾張紙上寫下這幾段話：「哪個讓你們自作主張的？我跟人家講好了的！你們讓我怎麼跟范爺交代！」德老寫完之後將筆隨手往地上一扔，索性閉上眼不理人了！

但見鮮少發脾氣的德老臉上仍是滿面怒容，一番沒來由的痛責，頓時罵得眾人說不出話來，既不明白哪裡做錯了，也不明白這范爺是誰。此時探病時間已到，眾人無可奈何地走出加護病房，與醫生討論過後，得知德老的情況目前還算穩定，也就暫時把老人家的責罵先放在一旁了。

第二天加護病房開放的時間一到，德老的兒子便進入探望。德老身上仍插著呼吸管與許多管線，看來相當疲憊。當他一靠近病床，德老便以眼神示意床邊有幾張紙要他拿起來看看，顯然老人家已經寫好要交代的了：「你們讓我要跟人家重新商量起，一番工夫都白費了！下回，下回不要再耽誤我的時間！」

德老的兒子雖然還是不很明白父親想表達的是什麼事情，但也乖巧地順著老人家，哄著說好的好的，爸爸我們會聽您的話的，您不要再生氣，好好多休息吧。

他握著德老的手，軟言相勸了好一會，老人家突然又要來紙筆寫了幾個字：「你**替我把家明給找來。**」

（聽到這裡我也是一頭霧水：怎麼老人家被搶救回來之後的反應竟是如此惱火？他說跟范爺商量好的又是什麼事？這范爺是……？我揚眉看向家明，示意他接著說下去，解開我的疑團。）

隔天中午家明就趕到醫院，也就是降靈會事件我們找不到家明的那天。在病房外，家明先與德老的兒子談過一會，也讀了德老所寫的那幾段話。德老兒子年紀雖長了家明一大截，同他也不算十分熟稔，但他清楚這是父親認識多年的忘年之交，對家明自然而然多了幾分敬重，不過這些年來，也始終只維持著一個客氣的距離。德老兒子對家明說，父親對你一向信任，到底他要交代什麼，我們又該如何配合，還請你幫我們了解清楚。老人家狀況不好，我們不能再惹他生氣了。家明安慰著說，讓我先進去看看德老再做打算吧。

約莫一個鐘頭之後，家明由加護病房帶著答案出來，一番話讓德老兒子目瞪口呆驚嘆連連。原來德老壽算已屆，在最近這一段時間裡，德老早與「那邊」密切商量許久，某地有一「職務」出缺，雙方已議定了要由德老前往接任，並同「人家」安排好了來接德老離開人世的時間。沒想到在啟程那日，德老誤打誤撞被兩劑強心針硬救了回來。雖說醫生與眾人不明就裡，急救原是天職本分，但如此一來，誤了德老赴任的差事，二來也讓極重然諾的德老失信於人，三者也耽誤了老人家預定謝世的時辰，極少生氣的老人家才會發這麼大火。

德老兒子聽完愣在當下，心頭百味雜陳，又驚又悲，尚未回過神來，家明又說：「德老其實因禍得福，您也不用太自責了。『那邊』還有個更好更適合德老的職缺可安排，只是安排需要點時間，恐怕還要拖上一兩個月。德老的意思是，下回『那邊又有人來接』，便是安排妥當了，要你們簽下放棄急救同意書，別再破壞了德老與人家的大事。」

德老兒子忙搶著說：「家明你是說，我父親，只剩下……只剩下兩個月不到的時間？」

家明拍拍他的手臂說：「德老很豁達，已經做好準備了。他很安心，希望你們能夠接受這個事實，也替他感到開心。他在人間已經功德圓滿，要重獲新生去了，雖說生離死別是人世至慟，但他希望你們身為他的子女，應該要感到欣慰，感到高興。剩下最後這一段相處的時間，德老希望與你們諸位開心地度過。」

家明話沒說完，德老兒子已經淚流滿面不能自已。他握著家明的手說：「謝謝你家明，謝謝你。我們知道該怎麼做了。我們會好好配合，會好好珍惜跟父親最後相處的時間。謝謝你！」

③

我聽到這裡已經驚訝莫名，德老到底是怎麼樣的一個人，怎麼會有這樣一個充滿鄉野傳奇、古味盎然的故事發生在現今社會裡。尤有甚者，德老口中的「那邊」、「人家」，真的是我心裡所聯想到的那些人事物嗎？

雖然心中仍是不明究竟，但家明所描述的這幾個片段卻足以讓我勾勒出一個大致輪廓。只是……這輪廓裡的面貌也太驚人聳動，是我聯想力太豐富，還是這事實確然隱晦地若明若暗地存在著？

我問家明：「所謂的『那邊』指的究竟是……真的是我想到的那邊嗎？」

家明輕鬆自若地回答我道：「除了那邊，還能是哪邊？」

天啊！這是什麼對話，什麼回答。若有不知情的旁人聽了，恐怕要以為我們是語言退化了。

我不死心，試著再問：「那麼跟德老商量時間的那位范爺……真就是……？」

家明兩手一攤：「除了那位范爺，還能有哪位范爺？」

真是要命了！

我端起咖啡喝著，有必要整理好自己的思緒。這樣的故事，這樣的人物，以及背後的架構與涵義……我彷彿陷入一個嚴重的時空錯亂裡。我一直以為這只是章回小說稗官野史裡頭借古諷今的醒世題材，沒想到竟活生生地呈現在我眼前。我雖感到驚愕與混亂，但隨即就把雜沓的思緒收拾起來。這當中必有更多脈絡可循，必有更多前因後果可理。我應該先順著德老這線頭追下去……。

我放下咖啡杯，問家明：「說到這裡，還不算太過吧？」

家明點點頭，似乎也不大在乎我理不理解接不接受方才的故事描述。

我再問：「那你再說說，德老是個什麼樣的人，你們又是怎麼認識的？」

德老與家明該算是同一類人，同一條道上的。或許路數與風格不完全相同，但所從事的性質與意義，大體上卻無二致。

德老半生行誼大多造福鄉里，外人得見與稱頌的是老人家淵博豐富的國學知識與道德修養。在教育尚未普及民智未開的年代，德老義務性質服務的面向頗廣，除了寫字命名擇日堪輿收驚畫符，還有針砭岐黃之術、講佛演道之學等教育人心的文化傳承。雖算不上是地位高尚的仕紳階級，但在鄉里間為眾人排憂解紛數十年如一日，淡泊名利，不伎不求，是很為地方所敬重的一位長者與仁者。

然而不為外界所廣知的，是德老謙沖低調的風格之下，其實隱匿著與家明相同屬性的另一面向。

大約是七八年前，家明有事來到中部鄉鎮的一處廟宇。這廟不算大，與一般印象中，鄉間地方信仰與社區活動中心的廟宇性質有所不同，應是新近幾年才興起的後進勢力。但據說頗有靈驗事蹟，前往參拜問事的香客日益增多，範圍也遍及多處縣市。

這日家明來到此廟宇，靜靜地環視顧盼，一番仔細走訪，觀察廟內周遭的建築與人物之後，倒了杯奉茶在廊下一處坐了下來。家明休息了一會，心中仍在盤算思索這事如何著手，身後突然有人向他招呼：「年輕人，這邊坐吧。」

家明轉頭一看，一位方頭圓臉的老翁約莫六七十歲，臉上雖露出親切熱情的笑容，但嘴角的線條卻透著幾許神秘味道。家明也不以為意，以為是廟方的工作人員，便欣然移樽前往與老人同座。

老人即是德老，他開口問：「年輕人第一次來？」家明點點頭。

德老又說：「我也是北部下來的，比你早到沒多久。」

家明「哦」的一聲問道：「我還以為老伯是這裡的人呢。不知老伯喚我何事？」

德老笑笑地說：「我跟你一樣，是為了同一件事來的。」說完，德老臉上仍掛著那個親切卻也神秘的微笑望著家明，似乎在靜觀家明聽完會有什麼反應。

家明遲疑了一下，似乎在思索該怎麼回答才恰當。德老又說：「你進來沒多久我就看到你囉，我知道你也接到相同的事情了是吧？不過看起來經驗還不是很老到啊……還不是很有把握，嗯？」

家明仍沒會意過來，面對這位初見面的陌生人，仍有許多顧忌與不便，無法放開來說話，只是支支吾吾，不置可否又幾分尷尬地喝了口茶。

德老似乎毫不介意，爽朗地笑著說：「年輕人，不妄作，慎重點也是應該的。」

說罷大方地將左手攤開遞向家明。「來，你驗驗吧。」這一來家明也不好再閃避，便伸手搭著德老的左手掌心，閉上了雙眼。沒一會，家明睜開眼睛對德老說：「老前輩多多包涵，後生晚輩無知，並非有意失禮。」

德老呵呵笑著說：「沒關係沒關係啦。難得讓我遇到一個同道中人，又是為了同一件事情來的，很好，很好……呵呵。」

家明也訕訕陪笑著。

「怎麼樣？」德老突然莊容道：「今天這事，我們倆聯手一塊辦了吧。看來這種事情你還不是很熟練，要是不嫌棄我倚老賣老，待會我指點你幾手如何？」

家明忙稱不敢，還禮說：「謝謝老伯關照。我自知尚缺經驗火候，功力還嫩得很，為求慎重妥善，實在不敢輕舉妄動。既然老伯也一同在場，應該是老伯主持，晚輩一旁供差遣就是了。」

德老笑著溫言道：「呵呵，年輕人不要過謙啊，過謙就做作了。我們老一輩的經驗要傳承也是應當的。再說，你缺的不就是經驗火候嗎，不趁今日多增加點經驗，將來怎麼獨當一面！來，一會你主事，我從旁指點就是了。」

家明聞言深吸一口氣，對德老一拱手說：「既是如此，小子有僭了。」

於是就在德老的從旁指點與協助之下，家明順利完成了此行專程南下之事。在結伴一同北返的路上，德老與家明一番長談，結成了忘年之交。從此之後一老一少，一個願學一個願教，老先生豐富經驗的諸多關鍵點撥，以及往往獨到特有的觀點見解，確實讓家明獲益無窮。不但少走了許多獨自摸索的冤枉路，更不費工夫地增加了寶貴的經驗與視野。

德老與家明都是性情中人，兩人相處起來，不慍不火平淡如水。特別是老人家堅持與家明平輩論交。他常說：「只有狀元學生，沒有狀元老師。家明與我雖是同道人，但畢竟我們走的路不同。他有他的路要走，我只是恰好陪他走這一段罷了。」老人家這豁達的態度，對家明日後的行事作風留下了極深的影響。

聽到這裡，對德老的為人與風範我大致上有了清楚的面貌，但還有一個很要緊的關鍵，家明略過沒談，於是我問：「你們那天辦的，究竟是什麼事？」

家明看了我一眼沒作聲，端起半涼的咖啡一飲而盡。他揉揉雙眼，搖了搖頭才慢慢說：「這事離題太遠，今天就不說了。」

我心知此路不通，已經碰壁，也就識相地不追問下去，於是我把話題轉回德老身上：「那麼德老目前的狀況如何呢？」

家明答道：「我也好幾日沒接到電話，應該沒什麼狀況吧。算一算，恐怕就是這幾個星期的事了……。」

我想到老人家說的：又要跟人家重新商量起，還另有個職務安排等語，不禁心嚮往之，便問家明：「你下回要再去探訪德老，可不可以也帶我去？」

家明很快地回答：「這個可以。」

我又問：「究竟德老有什麼本事能耐，或是，這麼說不知道會不會不敬，有什麼資格竟能夠與『那邊』商量安排自己的時間與去處呢？」

家明低吟道：「老人家一生造功辦果行道立德，你沒聽過『聰明正直之謂神』、『陰陽不測之謂神』嗎？」

我搖了搖頭，難以想像那是一種什麼境界。

④

數日之後，我與家明來到加護病房門口。開放探病的時間剛到，一旁有許多同是加護病房病患家屬的民眾與我們魚貫進入。家明與我換上探病規定要穿的消毒衣物，走向德老的病床。

「德老我們來看您了。」家明走近病床先打了聲招呼。

被稱為德老的老者躺在床上，見家明與我進了房，還插著呼吸管的嘴邊勉強露出一絲絲開心的微笑，邊微弱地抬動著右手，似乎在跟我們打招呼。病床邊已經站著一位中年男子，家明幫我介紹：「這是成哥，德老的公子。」

我端詳德老的面容，約莫七十多歲的年紀，方頭圓臉，歲月的痕跡與人生的歷練滄桑皆盡刻劃在臉龐，蓋在棉被底下的軀體看不出身形大小，乍看之下，與一般醫院病房裡的老翁形態其實並無二致。

但讓我最印象深刻的是德老兩眼溫潤如玉，一雙手掌大得出奇，甚至臉色還帶點紅潤。神情與氣色雖談不上精神飽滿，但也絕非一般槁木死灰行將就木的老人可比擬。

家明站在床沿，握著德老的手，時而湊到德老耳邊跟他說話，時而閉目點頭似乎若有所聞。我想這約莫是他們二人獨特的默契與溝通方式吧？

我細細觀察德老與家明的互動情形，雖說德老的時日所剩無多，這恐怕是他們之間僅存的幾次珍貴相處機會，但場面卻一點也不哀戚沉重，我心底甚至還感到些許溫馨。我雖與德老說不上話，但想到家明跟我說過的故事，以及如今看著他們相處的畫面，我禁不住在初見面就喜歡上這位慈祥豁達平易近人的長者。

德老似是與家明說完了話，轉頭向我望來。我對他報以一笑，走前一步說：「德老您好，真是久仰您了。」德老對我微一點頭，然後向他的兒子招了招手，成哥趕忙遞上夾著白紙的文件夾與簽字筆。

只見德老費力地在紙上寫了幾個歪斜的大字遞向我：「**你也有帶筆。**」

我不明所以，尷尬地望著德老不知如何接口，又看了家明一眼。

德老又繼續寫著：「**我也有。**」寫完又遞給我看，德老眼中似乎充滿著些許笑意。我問德老：「德老，這是什麼意思我不懂啊？我有帶筆？什麼筆啊？」雖然明知道德老不能開口與我講話，但這簡單兩行字卻看得我一頭霧水，極想知道老人家到底要表達給我的是什麼。

家明看了紙上的字也微微一笑，輕輕拍著德老的手背。

德老又繼續要寫，我趕緊幫忙扶著文件夾，滿心期待，不知他又要對我寫些什麼。「以後，麻煩你，謝謝。」

又是這樣沒有首尾簡短無章的字句。我仍是滿腹疑惑，但是看家明與德老對我的茫然，似乎也不以為意。這時德老已經放下紙筆，表示他想講的已經講完了，我也無法再問，只得暫時作罷。

家明又低頭在德老的耳邊輕聲說了幾句話，這時探病的時間即將結束，護士開始來趕人了。家明向德老示意道別，我們便與成哥一同走出加護病房。

到了樓下醫院大門分別之際，家明對成哥說：「德老的意思，時間差不多就是下週。這次做好準備，我明天再過來看看德老有什麼吩咐，成哥您也多多保重。」

成哥乍聽到這消息，也不特別驚訝，他沉重而平靜地點了點頭，與我們握手道別了。

⑤

那天回到家，心思特別繁雜紊亂。找了幾本舊小說出來讀，卻始終難以入目。

我想到自己的時間不知道還剩多少，大限臨頭的那一日，我是否能夠如德老這般從容安詳，這般心安理得。回顧這一生的庸庸碌碌茫茫無所適，壽算到頭之日，我拿什麼與「那邊的人家」商量安排自己的下場去處?與人家相見，應是人人皆有之期，但誰的心情不是驚恐疑懼，如何能像德老如此自得踏實，同來者議定時日並欣然與往?

恐怕我連商量的餘地都沒有。

幾番前思後想，往者俱已矣，來者渺難追。

且不說那邊人家；劇終幕落之日，我將以何種面目看待自己?我能否胸懷坦蕩光明磊落地面對自我匆匆一生?

我們都以為死後虛無縹渺難知，遂汲汲營營於各式生涯規劃。自就學就業起便拚命規劃學業事業發展感情家庭經營；然而黃粱人生譬如一大夢忽然易醒，世事諸多變化，經緯萬端難測，緣起緣滅近在須臾；究竟有多少是吾人可以踏實掌握計畫，有什麼是吾輩得以確信分明的必然與偶然?

無常是常。

生與死，究竟何者虛幻何者真實?

我深深感到如夢人生才是一場虛幻的偶然，必定到來的死亡方是唯一真實不虛，確定要面對的必然。但有誰對這件確切會發生的事做好準備，妥善規劃？

有人預先看風水選墓園挑塔位，細細籌覓此生埋骨之時地；然豈有人思量過，身後之日魂歸何處靈往何鄉？莊周言：未知死，焉知生，實乃誠不我欺之言。

死亡並不虛無縹渺，而是生命中唯一確定之事。死後的命運並不是未知，而是確然地掌握在我們自己手上。我們用一生的時光選擇怎麼過活，亦將決定我們如何迎向死亡。

這幾日我陷入混亂的心情與思緒之中，然而亂中似乎隱然有序可循。我的死亡或許已近在轉角窺探等待，但當到頭之日，我希望我能鼓起勇氣迎向前去正視它。我知道，我將為是日的抬頭挺胸做好準備。

⑥

德老於三日之後長揖人間溘然謝世。

當天清早，德老的生命跡象急遽下降，醫生判定應該是時候了。德老的兒子成哥在他耳邊輕聲說：「爸，我們回家好嗎？」老人仍閉著眼，微弱的點了點頭。

家人火速辦好手續，將德老送上救護車，鳴著警笛回家了。病房裡的醫師與護士們自發地送行至大門口，還有一位特別好心的護士志願坐上救護車陪德老回家，再照顧他這最後一段路。

經過一番疾駛，救護車在近午時分將德老送回到家，家明接到通知已經等在門口迎接，大伙一起將德老抬至客廳正中已準備好的平板床上。

「爸，我們到家了。」成哥輕輕喊著。

這時德老慢慢睜開了雙眼，他看來精神極好，神態平靜安詳。德老睜著眼以目光緩緩環視圍在身旁的眾人一圈（他是在一一道別嗎？），臉上慢慢綻出一個微笑（他可欣慰嗎？開心嗎？），輕輕一點頭（是說可以了嗎？）又閉上了雙眼（德老您準備好了嗎？）。

護士望向成哥一眼，再看著德老，微微顫抖的手緩慢而不捨地將德老嘴裡的呼吸管拔出來。眾人屏息緊張萬分，只見德老喉間似乎發出幾響乾咳就不動了。

護士突然哭出聲來，成哥馬上趨前安慰：「不要哭，老人家交代過的，誰都不能哭。」那護士摀著嘴一點頭，快步走出屋內，同救護車一起離開了。

眾人這時開始動了起來，將預先準備好的白布與支架掛起來，將德老蓋住圍住，就是一個臨時的停靈之處了。原來德老前兩日早已寫下如何料理後事的指示，所有該準備的東西眾人早預備好，這時全都一一去張羅了。

家明站在一旁，沉默無語低頭沉思，嘴裡似乎唸唸有詞。

不多時，一個簡單的靈位便搭了起來，不見傳統禮俗的腳尾飯，卻只擺上了一大碗滷白菜與一碗白飯。眾人與家明點起香，向德老大體上香行禮，從今以後，冥陽相隔，只能靠這三支清香交通兩界了。

待佈置大致就緒，成哥將幾張紙交給家明，邊解說著：「父親已有指示，一切從簡，不准鋪張浪費。你看……」

第一張寫的是：不准浪費，拜白菜白飯可也。

第二張寫的是：作戲無益，不做七不辦法會不請誦經。

第三張寫的是：無需拖延，三日火化出門，七日除孝滿服可也。

第四張寫的是：如不從命，增吾罪孽！遵照辦理，吾願足矣。

原來老人家早有定見，親自指示後事如何辦理發送，其簡樸低調作風一如生平行事風格，甚至簡單得有點不合禮俗有違人情。家明看著德老歪斜的字跡，堅定的意志與樸實的人格躍然於紙上有如親炙，一時也說不出話來。

這時已有村里四鄰聞風前來致哀上香，許多人算起來還是成哥長輩，他就忙著去招呼答禮了。

家明默默替德老燒起不能斷的紙錢，據說這是為亡者在陰陽途上點燈開路的，沒人知道他心裡在想什麼，沒人知道他是不是看到什麼。家明燒了好一會紙錢，才忽然想到，發了個簡訊給我。

我趕到的時候已經接近傍晚了。成哥為我點上三炷香，我對著德老遺照深深地三鞠躬，想到不多日前才與老人家初見，當日情況猶歷歷在目，今日便已生死永隔。老人家的事蹟行誼與風骨令我感佩萬分，心中無限感慨，差點落下淚來。

我走到家明旁邊坐下，拿起紙錢也默默幫忙燒了起來。

德老的家人與左近鄰居，還有趕來的親友們，在屋外搭起的棚架裡，一群人圍著似在一同談天回憶德老的種種言行典範，也似在商量討論德老後續的喪禮如何進行。但沒過多久，聲音似乎漸漸大了起來，彷彿是有什麼意見不和的爭執？

這時成哥與幾位老者老婦一同走進屋內，成哥邊走嘴裡邊喃喃說著：「這該如何是好，如何是好啊……」

旁邊一位老者揚聲說：「你們兄弟幾個不請誦經團師父來助唸，我們已經勉強同意了，怎麼可以三天就要送你們父親出門？這麼狠心這麼絕情，實在太不應該，太不孝了！我們真的看不下去！」

另一位老婦接口說：「是啊是啊！連七七百日都不做，頭七就要除孝，你們這樣太不成禮數！哪有這麼快就除孝的道理……」另一旁還有人接口：「不可以送你阿爸去給火燒啦！三天後火化你們也排不進火葬場啦！」

眾人七嘴八舌議論紛紛，聽到成哥轉達德老後事的處理方式，竟是反對聲浪大起，忿忿不平，認為成哥的安排無禮且不孝。尤其幾位長輩架式一擺開，更是勢不可當，成哥百般為難，招架不住，只得進屋來到德老靈前。成哥拿出德老留下的紙條，無奈地說：「我們也很想按照禮數來做，可是我爸已有交代要如此辦理，我們也不能不聽啊！」

鄰居與親友們仍不罷休，辯駁說：「那是你阿爸客氣，厚道，不想麻煩人啦！我們不怕麻煩，好好送送你爸，也是應該的啦！」

一位老婦這時也面色嚴肅地開口了：「你阿爸做人客氣我們是都知道的，現在他不在了，可是我這個姑婆還在！難道我這個姑婆講的話比不過幾張紙嗎？你們兄弟不可以這麼草率，隨便處理你阿爸的事！要乖乖給我按照禮數來！否則就是不孝！」

成哥面有難色，急得都快哭了。但形勢比人強，家族長輩都開口了，要是他再堅持下去，只怕從此以後在家族與鄰里間，永要招人非議與批判！

他百般掙扎，陷入猶豫長考中，眾人仍不善罷甘休，還要繼續出主意。只見成哥兩手一攤：「好吧，姑婆，姑丈，我們就請老師來看日子，重新選個出殯的時間，我們兄弟也把滿七做完，三年後才滿孝除服，一切按照禮俗來就是了。」

此話一出，眾人皆點頭稱是：「對啦，這樣辦才對啦！」

這一切本無我和家明的事，我與他還是默默無語，在德老靈桌旁燒著紙錢。

但當成哥與眾人爭論之時，我突然感到一股怒氣毫無來由地油然而生，右手也突然大力顫抖起來。

他們越爭執，我的怒氣也越難以抑止，心裡不斷重複著一句：「為什麼不聽話！你們為什麼都不聽話！」我壓抑了十幾分鐘，但那陣怒意越來越盛，我望向家明，他看著我似乎略微吃驚。我想跟他說話，我想說出那句為什麼不聽話，但喉嚨不知為何完全卡住，這句話鯁在喉間說不出來。

此時我猛地站起，家明開口叫住成哥，眾人往我這邊看來。

我搖搖晃晃走到德老靈桌旁，一對白燭忽然無風而熄，掛著的德老遺照竟無風自動，左右晃了幾下。

家明搶道：「成哥，怕是德老有話！」

成哥幾兄弟趕忙都跪下，有人已經嗚嗚作聲哭了起來。

我喉嚨仍鯁著無法出聲，不聽使喚顫抖的右手，在空中用力地寫了幾個字，我知道那是什麼字：**你們為什麼不聽話！**

我怒氣漸消，反而添了幾分傷心，心中徒呼負負。家明拿來一筆交我手上，自己捧著紙，要我開始寫。

我看著我的右手勉強顫抖地寫了幾個歪斜的大字「**你們為什麼不聽話**」。那不是我的筆跡，這歪斜的字體我以前看見過的。

家明將紙給眾人看了，大家全都傻在當下。

我繼續寫著：「**怎麼講不聽，一定要我生氣嗎？**」寫罷將筆一擲又坐回位上。

眾長輩看了悄然無聲，成哥與家人們看了只是連連掉淚。這時成哥站起身來，將白燭再點上，轉身對眾人說：「大家都親眼看到了，不是我阿成膽敢不孝，自作主張，實在是父命難違啊！阿爸的後事我還是只能遵照他的意思辦理，大家都親眼所見，還是聽阿爸的話吧！」

成哥心頭篤定露出堅強的一面，作出決定就去聯絡安排火化與出殯的事宜了。眾親友鄰居驚魂甫定，迭聲直嘆德老真是有靈，真是有靈……。

⑦

稍後我與家明一起在德老靈前又上了一次香道別，接著安慰成哥幾句便先離開了。出到屋外，天色已經全黑，我的手此時又動了起來。我看著右手對著虛空揮舞，似乎成握筆狀，凌空寫出了「**珍重再見**」四個大字。心裡突然閃出一個聲音：「麻煩你了，謝謝。」我心頭一顫，那聲音又繼續傳來：「你的筆，莫忘記。」

這是德老嗎？他要跟我說的，真就是我所想到的意思嗎？

我把這兩句話跟家明說了。他沒作聲，揚起頭看向漆黑深邃的夜空，強忍了一天的眼淚，此時終於流了下來。

家明就這樣坐在路邊，靜靜地哭了好久好久，等到他終於哭完，用手抹去決堤的眼淚，我聽見他用哽咽的聲音悄悄吟道：「身既死兮神以靈，子魂魄兮為鬼雄……」

莫忘初衷

其實大家都差不多的。每個人離開學校，初踏進社會的時候，不也都懷抱著豪情壯志想要改變世界嗎？但結果是，到最後每個人卻都被這世界給改變了。我相信這些人一開始不是這樣的。只是後來他們迷失了本心，忘記了初衷……

四時輪轉交替，晝夜不息。一晃眼時序便由盛暑來到深秋。秋氣屬金，主肅殺。空氣中似乎果真多了幾分蕭瑟迷離的氣氛，與沉重難去的壓迫感。

這一日，我同家明來到這擁擠的城郊一隅。我在這小巷的巷口將車靠邊停下。家明向我說：「這裡不好停車，你在車上等我一下，我很快就好。」語畢他就開門下車了。

我按下車窗點了根菸，看著家明往巷子裡走去。

由不遠的巷口看過去，四周都是老舊的公寓平房。這是個人口密集，公寓樓房稠密的舊社區，已有幾十年屋齡的建築群顯然趕不上周遭區域人口的增長與工商業的發展。街道狹窄車位難尋，戶戶緊鄰鐵窗四閉。

家明走到這長巷的正中央停了下來。我由車上望去，他面對著某間公寓的一樓站著，那門口懸著三個小紅燈籠，一旁的電線杆上掛著一面像是旗幟的黑布，還綁著幾枝草似的微微飄著。看起來像是一間私人宮廟或神壇的地方。

這種景象這種場所並不算太罕見，大部分時間，人們正眼也不會瞧上一眼便信步走過。畢竟這樣的地方幾乎已算是生活風景中的一部分了，絕不會引起司空見慣的人們任何大驚小怪的。

偶爾，一個禮拜裡的幾個晚上，這種平日無人聞問的地方會突然香燭大旺煙霧彌漫，擠滿了喧擾的人群。

但那也算不上什麼奇特之事。

家明站在巷子當中看向屋內一會，向前微一躬身，便轉身朝我走來。

我以為沒事了，剛想發動引擎，但見家明卻是走向我駕駛座這邊，他彎身對我說：「跟你借根菸。」

我一怔，家明不是不抽菸的嗎？印象裡我還沒看過他抽菸，怎麼這會跟我要起菸來了？

我笑著問他：「你什麼時候抽起菸來啦？」一邊把菸遞上，等著看他老兄又要變什麼花樣。

家明笑笑說：「沒事最好是不要抽菸喔。」

他拿了菸往巷子裡走了幾步，又轉過頭來朝我叫道：「喂，打火機哪。」

家明走回到巷子裡那間神壇對面，轉頭左右張望幾下之後，便將菸點上。我看他深吸一口，似乎閉上了眼睛，抬頭向天，徐徐噴出一口清煙。

他就這樣站在巷子裡，不管左右是否會有來車，也不管周遭會否有人側目，就這樣自顧自地站在馬路當中抽起菸來。

我第一次看到家明抽菸的畫面，還真是有幾分突兀與滑稽。尤其是他雙手插在褲袋裡用嘴叼著菸，十足是個老菸槍模樣；氣質看來與平日大不相同。

家明叼著菸瞇著眼望著天空，偶爾低頭看向那戶民宅屋裡。他雙手依舊插在褲袋，一派氣定神閒，雙腳不丁不八地站著，衣袖似乎微微鼓了起來。

我也跟著往上瞧去：陰暗灰沉的天空不見日頭，只有厚重無邊的雲層，我不明白家明在看什麼；或是，在幹什麼。

很快地，家明抽完菸踩熄了菸蒂，又朝屋子微一躬身，面無表情地走回車來。

「你剛有看到什麼嗎？」家明上車就問我。

「喔……沒有啊，要看什麼？」我反射性地回答。

「走，我們買杯咖啡去。」家明揉揉眼睛，低著頭對我這麼說。

①

那天晚上我作了一個夢。那個夢不知首尾，我只記得其中的一小部分。

朦朦朧朧中我感到自己的身子不斷旋轉移動著，四周是一片漆黑，我連自己的身體都看不到，但這旋轉感很強烈，強烈到幾乎把我弄醒過來。

我心想：啊，我這是在作夢嗎！

不知過了多久，旋轉停下來之後，我發現我自己蜷縮在一個牆角。周圍雖然非常明亮，但我藏身之處的亮度特別低，似乎獨獨有一個遮光罩在我上方似的。然後我知道，我躲在一個窗戶底下。那個窗戶是對外推開的，我剛好就靠著牆壁，蹲在這木製的紅色窗檽下。

我在偷聽。

屋裡頭有會議的聲音傳來，那些聲音有男有女有老有壯有低沉有高昂，由陣陣回音聽來，這廳室似乎還挺大。我的另一側是個花園，旁邊再過去還另有樓房。

我知道我自己正躲在窗外偷聽這場會議。

一個相當有威嚴的聲音說：「此事茲事體大，吾不敢自專，特煩請諸位到來，各論己見，共決辦理。」

一個聽來年紀頗大的老聲回答道：「老朽以為此事該當一試，可放手去做。」

一個清昂的女聲說：「稍有不慎，後患無窮，我們已經吃過好幾次虧了，還是多謹慎點好。況且此人資歷尚短，心性未定，竊以為還是多觀察為上。」

又有一個嚴肅的聲音說：「按道理說這事是該辦，這是大夥的責任。但是若所託非人，出了什麼差池，免不了又是我們要一番善後。今天我們是議這人呢，還是議這事？」

第一個聲音回答道：「兩者皆議。此人此事如何處置，概付眾議。」

又一個聲音說：「可以。可以辦。事不宜遲。」

又一個聲音接口道：「但是否交予此人，仍大有商榷之處。我實在不放心。」

似乎這群人有一重要大事，難以決斷要不要立即辦理，也不放心是否交代予某人。屋裡的討論仍繼續著，眾人議論紛紛，贊成與反對意見都有；到底是什麼大難題讓這些人如此傷神，會議結果究竟如何，我竟然焦急起來。

我知道我自己當時大氣也不敢喘一口，將身子藏得更低了點，生怕給人發現，緊挨著牆壁，繼續往下偷聽。

這時我聽見一個中氣十足的聲音堅定地說：「吾以為，此事或可先試行一段時日，暫觀成效後，再做定奪。試行期間由吾做為中保，確定該生言行無礙，諸位意下如何？」

這提議似乎引起了眾人的認同，約莫認為這是最好的折衷辦法。待討論漸息，第一個威嚴的聲音又說：「那麼此事便如此辦理，公告即刻發佈下去，試行以半年為期，若無差錯，則可展期繼續。眾意如何？」

只聽眾人紛紛稱好，似乎是取得了共識。

不知為何，我聽到這裡也鬆了一口氣，身邊突然出現陣陣強光與雲霧，又是一陣天旋地轉之後，我發現自己正躺在自家床上，驚魂未定。

我拿起手機一看，是凌晨三點十分。距離我剛上床躺平，才只過了一個鐘頭。

②

我想問家明這夢境是怎麼回事，但他老兄連著好多天都找不到人，電話與簡訊都沒有回音。

暫時無法可想，我索性將這夢與家明都先放下不管了。

打開電腦，我慢慢將過去的隨手筆記整理鍵入檔案裡。每隔一段時日，我總會找個空檔將自己的心情雜想還有與家明一同遊歷的事件，都分門別類整理好記錄在電腦裡。

這算是一種回顧整理？一種打發時間的活動？一種心情日記？甚或是抒發心聲的自我療癒？我想沒那麼偉大，也不打算去弄清楚這到底對我有何意義或目的。總之，就是一件自己想去做的事，僅此而已。我不想賦予它過多意義或解釋，免得失去我的原意。

對我而言，純粹只是單純地想寫想紀錄而已。至於背後是什麼動機什麼心理因素在推動著，我並不是太在意。

或許有一天，我也該建個部落格什麼的，將這些筆記貼上網路去？

我大約整理了兩個多鐘頭，進行得不大順暢。思緒猶如一堵一堵的水泥牆，東一塊西一塊地四散雜陳紛亂無章。是心情的原因還是思考的問題？

我隱約感覺到我在拼著一盒拼圖。但棘手的是，這拼圖不知道有多少片，更不知道我手上的拼圖碎片是否已全數到齊。

尤有甚者，我手上的這盒拼圖根本沒有原圖可供比對參照，我根本不知道我正在拼湊的是什麼圖像。我只能默默地繼續收集線索，冀望或許有一天我終於能夠完成這整幅拼圖，一窺全豹。

我灌了兩大杯冰水，將想要抽菸的煩躁心情壓下。暫時是寫不下去了，我關掉電腦打開電視，隨便跳著頻道看了一會，一則新聞吸引了我的注意。

那是某某私人神壇斂財詐色的報導，據稱受害者達數十名，且其中不乏高級知識分子。這種社會新聞原本時有多聞，並不會引起我太多關注，但令我咋舌呆立在電視機前的，是螢幕裡頭出現的畫面，正是不多日前我與家明停車的巷口！

新聞拍攝的角度恰恰正是從我停車的位置拍去，巷弄內的景物建築都與我那日所見毫無二致。因為記憶猶新，我非常肯定這正是當天家明站在路中央抽菸的地方，畫面帶入那公寓一樓的正面，果然是一家私人宮廟；這到底是怎麼回事！

我感到沒來由地一陣昏眩。這未免也太巧，太玄了！

看完這則短短的報導，我迫不及待地拿起手機撥給家明，他的電話依舊沒有回應。我頹敗地拿起菸點上，邊回想當日的情形。

我們確實只停留了一根菸的時間，這當中也沒有發生任何事情，就只有家明在那神壇的對門抽了根菸而已就離開了。但相隔不過短短數日，這個地方就上了電視新聞，還被踢爆內幕！

這實在太巧，巧合到啟人疑竇，令我不禁懷疑這當中是不是有什麼人為機關；但真要說這不是巧合，而是裡頭另有什麼環節相扣，卻又像是我自己的妄加揣測了。抽完菸我也鎮定下來，我想還是先不要妄下結論，等問過家明再說了……但這傢伙不知又上哪去，這事又該怎麼同他提起才合適呢？

我感到一陣為難，到底是不是我牽強附會才這麼大驚小怪？

還有關於那個夢，家明又會給我什麼樣的答案呢？

③

家明看起來心情很好。曬得通紅的皮膚，身上還聞得到大海與陽光的氣息。

看著他的模樣，我不禁有些不是味道，你老兄撇下我一個人到東海岸去，玩得可真開心，就不管我有急事找不到人的滋味與心情了哪。

他訕訕笑著說：「我是有事要到東部去，出遠門不好意思勞煩你。」

我沒答腔，算是對他不夠朋友的行為表示無言抗議。

家明又說：「什麼事要找我？」

這下倒換我為難了。該說哪一件呢？作夢的事還是新聞的事？

我側頭想了想，決定先問他夢境的事好了。新聞的事只怕是我多想，而且更有可能的是問了他也不會多說什麼。

於是我便將那個夢境仔細說給家明聽，連我一半置身事外莫名其妙，另一半如劇中人焦急不安的複雜心情都說了。到底那會議討論的是什麼事情，而我又為什麼會心急地躲在窗外偷聽，這真的只是一場夢嗎？這夢境又有什麼含意？話頭一提起，我本已淡定的心情又隨著這些疑問被撩撥起來。

家明聽完沒有任何表示，他只是皺起眉頭望向我。

我被他看得渾身不自在，都想舉起手摸摸我頭上是不是長出兩隻角了，為什麼家明這麼認真地看著我。

過了一會，家明終於開口說話：「明天下午跟我去個地方吧。」

這是一間小有規模的宮廟，獨自坐落在工業區深處的一處空地，旁邊隔著條河就是高速公路的綠色護欄。若不是有人帶路或是特意尋來，還真不容易發現在這廠房林立的工業區內竟有著這樣一間宮廟。而且以私人興建的程度來說，這樣的建築規模看來似乎頗具財力。

這是個平日的下午，工業區裡繁忙依舊，周邊道路大小貨車絡繹進出不絕，宮廟裡也沒幾個香客，更顯出我與家明兩個人出現在這的突兀。

我與家明一同站在廟門口向內望去，大抵是非營業時間吧，似乎只有後頭一個像是辦公室的房間有人。正廳裡沒有開大燈，只有幾盞小小的燈光微明，供奉著大小不一，十數尊燻得烏黑的神像，我一時也說不出名號。

右側牆面上有個相當氣派的佈告欄，貼著幾張大相片與獎狀似的東西。我一時好奇心起，便走向前去看個究竟。

這一看不得了，上面貼著的是許多張一線演藝紅星與這宮廟主事人的合影相片與簽名。另一張放大了的相片裡頭與這主事者合照的還是某上市電子公司的董事長，一旁並註明了這宮廟是由他出資興建並身兼名譽董事長的文字。

牆上另外還掛著一張裱了框的聘書，裡頭寫著茲聘請這主事某某先生為集團特別顧問，署名的是另一位曾擔任過中央民代的上市集團某總裁。

這麼看來，這間私人宮廟背後的來頭似乎不小啊，人脈與金脈應該都相當廣闊發達。這主事者不知是經營得法抑或功力不凡，居然能交遊遍及政商兩界與演藝圈，而且還都是知名大咖。

難怪這宮廟會建在這工業區的一角，我印象中這裡本是那電子公司的大本營所在，想必那董事長的挹注是不遺餘力。真想不到也看不出，這間私人宮廟背後竟有如此龐大暢通的資源與信眾網絡，到底是什麼來頭呢？

我正這麼猜想著，耳邊，不，或許我該說更像是心底，心底響起了一個聲音：

「哼，有錢能使鬼推磨，光知道數大把的鈔票，天理國法都不顧了！」

這突如其來的聲音嚇了我一跳，而且出現的時機恰是我冒出疑問的當兒，未免也太過湊巧！而且……這聲音我似乎在哪聽過！好耳熟……。

此時正廳裡空無一人，就我一個探頭探腦地張望，似乎有些不妥，我環視一會後，趕忙走出門外，卻見到家明已然遠遠地站在廟前廣場當中。

廟前的廣場約莫有三個籃球場大小，家明站在中央，顯得異常地突兀。我不明白他站到那麼遠處是在做什麼，說是來拜拜嘛也沒見他入廟點香參拜，卻一個人悶不吭聲獨自站立在這廟前的廣場。

正納悶的時候，那聲音又從心底響起：「注意，快看清楚了！」

我看家明抬頭向天，我也跟著往上看去，這陰沉沉的天盡是厚重綿密的雲層，不知道他看的是什麼；突然間天空中的厚雲緩緩退開，露出了一個小小空隙，空隙當中赫然出現一顆金球，那，那是太陽啊！

雲層中突然出現了一個小洞，而太陽居然就在這層層重雲當中露了臉，往下照射出一道筆直的光芒。那光芒恰恰好不偏不倚就射在家明所站的位置，我看家明抬著頭閉著眼，嘴裡似乎唸唸有詞。

我看著這眼前的異象愣在當下，家明這時不知從哪裡掏出根菸點上，又是兩手插在褲袋裡，我這樣看他站著，真有點嶽峙淵停的味道。

家明深吸了兩口煙又徐徐吐出，就在這個當下，我似乎看到為數極多的光影由天而降，這些光點似乎是藉這向下直射的陽光作為管道，一一往下方流竄，在家明身旁圍成了一個骰子五點的形狀。

我揉了揉眼睛，像是要再確認似的，定睛凝神再看過去，家明身上似乎重疊了兩個身影：一個家明伸手向前一揮，那成骰子五點隊形的光點便疾速向前射去，一下子都飛進我身後的宮廟裡了；但我又見到另一個家明仍是氣定神閒好整以暇地雙手插在褲袋裡叼著根菸，雙腳依然不丁不八地站著。

我一時不明就裡，又轉身向宮廟裡頭看去，但見金光點點四下流竄，中間還夾雜著幾個快速移動的身影，我彷彿還聽見了幾聲金石相交人馬雜沓的聲響。我感覺到裡頭相當紛亂吵雜，似乎翻箱倒櫃鬧得不可開交。

這些經過如今說來費時冗長，但在那個當下，也不過就是電光石火般一瞬間的事情。就在我心裡正要產生疑問的同時，那個熟悉的聲音又說話了：「這班臭傢伙還敢再作耗麼，想逃已經晚了，該封的封，該鎖拿的鎖拿，一個也別想溜掉！」

我聽著心底這聲音說著像是戲文裡才有的詞句，看著眼前如幻似真的奇景，心中已經混亂得無以復加，雙腿陣陣發軟，就快站不住了。

我轉頭看向家明，他默不作聲，表情嚴肅地瞪著前方好一會，才又緩緩地噴出一口濃煙。我聽到身後的聲音與動作似乎都逐漸安靜停止了下來，家明又做了一個手勢，那些光點又紛紛由廳內竄出射向天際，而這些光點中間似乎還夾雜著幾個黑色的影子與物事！

我看著那些光點與黑影順著這陽光的通道回到天上，只一瞬間而已，天空中的雲層又迅速聚集合攏，太陽再度被遮沒在厚重的雲層裡。霎時間廣場上的光芒消失，我只看到家明正跺著腳踩熄菸蒂，四周圍安靜得出奇，好像什麼事也沒有發生過一樣。

還是這麼一根菸的時間，但這一回，我看到了令人震撼難以置信的異象！這短短的時間裡到底發生了什麼事，我看到的光點又是什麼東西？

突然間心底那個熟悉的聲音又響起：「雷部到了！」過了約三秒鐘，綿密的雲層當中突然閃起了幾道閃電，將半邊天空都照得白亮，接著就聽到一聲焦雷悶悶地在低空處炸開來，就只「轟隆」這麼短短一聲簡潔有力，雷聲的回音在天際緩緩迴盪，餘音久久不絕。

家明面無表情向我走來，我的頭感到一陣脹，腦子裡猶嗡嗡作響。家明開口向我說話，他的聲音怎麼變得如此小聲。他像是說：「完事了，我們走吧！」

我正想開口，就又聽到那聲音說：「天理昭彰，今天讓你見識到了！」

④

我們將車開到水門外的河岸旁，我坐在家明的車裡，大口喘著氣，勉強點了根菸，鎮定一下自己。

我偷看家明一眼，心想：「我抽菸應該沒事會發生吧？」已經要錯亂崩潰了我。

家明拿了兩瓶水遞給我，自己也開了一瓶喝光。他似乎顯得若無其事一如往常。我看著他，再看看窗外，遲遲開不了口，也不知道開口該說什麼好。

沒想到卻是家明先說話了：「你剛剛，都看到了吧。」我點點頭。

他又說：「也都聽到了？」我還是點點頭，像傻瓜一樣。

家明看著前方的河，繼續說：「這主事者只管收錢，幾十幾百萬計這樣的金額砸下來，只怕很少有人不動心的吧。也不管請託之事，依不依天理合不合國法，只要送錢來就照辦，遲早是要出事的。唉……可惜了這一身所學啊……」

雖然我與家明混在一起已有一段不算短的時間，但此刻的我就像是回到初見家明這一面的那天一樣，心中驚奇與疑問重重交疊，滿腦子的問題卻不知從何問起是好。我有好多好多想問的，這事，這廟，這光，這雷，這聲音，家明這人，他所行之事，我有好多好多想問，我有好多好多感想。這無數個雜沓紛亂的思緒與極受震撼的心情簇擁而至；但我反而呆在當下。

我大口喝水大口吸菸，突然間，那個巷口，那則新聞，倏地閃進我的腦海裡。感謝這福至心靈的一刻，瞬間我彷彿瞥見了這拼圖的大致輪廓與可能樣貌。

我靜靜地沒出聲，仔細在腦海裡整理種種思緒，家明也沒打擾我。待我四處飛散的念頭慢慢沉澱下來，我平靜地輕聲問家明：「你幹這樣的事多久了，多少次了？」

家明看了我一眼，低頭轉動鑰匙，將車發動：「夠久了，也夠多次了。」

「感覺如何？」

他似乎遲疑了一下，「剛開始沒經驗，很害怕，也很吃了點苦頭。」

「然後呢？」

「然後慢慢看到成效，覺得還挺刺激的，呵呵。」他轉過頭去倒車。

「現在呢？譬如說，今天？」

家明悶悶的沒立刻回答。待我們駛出水門，他突然說：「現在已經沒什麼感覺了。只是心情很沉重而已。」

我們兩人一路無話，待車子駛向交流道，排隊等著上高速公路的時候，家明又說：「你不要覺得這有什麼啊，這樣的事很多人默默在做的，只是知不知道而已。」

「哦，是這樣的嗎？」我不置可否。

家明看著前方的車陣，又開口道：「這兩個月內還有好幾件這樣的事要辦。怎麼樣，要一起嗎？」他淡淡地說。

「當然要啊。」我也淡淡地回答他，但我心中已經牢牢抓緊這已然完成的拼圖一角。無論如何，無論主角是何人何事，這次我一定要把這幅完整圖畫拼出來。

我望著前方的天空，依舊密雲不雨，心裡突然盼望，趕快狠狠地下場大雨吧。

5

接下來的那個禮拜裡，兩件大事幾乎佔滿了所有新聞媒體的時段與版面。

先是某上市電子公司的董事長涉嫌逃漏稅遭行政處分，同時還被爆出利用人頭戶買賣股票的內線交易案遭檢察官搜索調查，最後被重金交保候傳。

相隔兩天，擔任過中央民代的某集團總裁涉嫌透過假交易掏空數家公司資產，因為事涉相關企業眾多且金額龐大，而立即被逮捕羈押。

當第一則新聞被踢爆的時候，我驚訝地坐在電視機前說不出話來。

理智上我必須保持開放客觀接受「純屬巧合」這種可能性的存在，但感性上我卻是多麼願意相信這絕非巧合，這是惡有惡報公義高舉的事證。

不過當第二則新聞接著也東窗事發的時候，我心裡只有一個念頭：「酷斃了，這真是他×的酷斃了！」

當下我真想立刻打電話給家明跟他說：「這種事我天天跟你去幹上十件八件也不嫌多啊！」

我興奮莫名，熱血澎湃，激動地在家裡客廳走來走去，根本坐不下來。

所謂事不過三，但我恰恰卻連續目睹了三件作奸犯科為虎作倀逆天行事的罪行遭到揭露與制裁。或許事屬巧合，但我寧願相信這是冥冥中有股力量在維持這世間應有的秩序與正義。

我仔細再回想那天的所見所聞：家明的一舉一動以及那聲音說的每一句話，對照如今現實世界發生的新聞事件，似乎環環相扣疏而不漏。

我拿起電話想撥給家明，我想跟他講我的感想與激動，並想聽聽他的看法與說法。但是，我隨即想到，以我所認識的家明應該是什麼也不會多說的吧。就算開了口，不是淡淡地雲淡風輕，就是指東打西文不對題。

我暫時按捺下這個衝動，繼續繞著客廳走來走去。一時之間我激動的心情還難以平復。我感到好像眼前出現了一個新世界，這個新世界裡善有善報惡有惡報，天理昭彰報應不爽，而且不用苦苦等候時機未到。

有人利用他的身分地位與權勢資源，強取豪奪不公不義。有人利用他的特殊能力與人性弱點，交換巧取金錢利益，即使有違天理亦在所不惜。這些人蛇鼠一窩，東翁西席到底誰是主犯誰是從犯，只怕也沒人理得清了。

我突然想到，這兩個已經鋃鐺入獄了，那麼，另一個現在又是如何呢？

我跳起來，一把抓了車鑰匙就出門去，也顧不得叫上家明了。我決定自己親自去探個究竟。

抵達的時候已經快晚上九點了。夜幕低垂，幸好工業區裡的路燈相當明亮，一旁也還有幾間廠房仍燈火通明，我沒花多少工夫很順利地便找到那間宮廟。

照說這種時間該是人最多最熱鬧的時候，但當我將車停好，在廣場往前看去，那宮廟竟然大門深閉一片寂靜。黑暗中只有幾盞懸在屋簷下的紅色小燈還發著微光。我下了車走向前去，四周安安靜靜，我不禁感到一陣緊張與詭異。

待我來到廟前一看，右側門上貼著一張告示寫道：某某師父因有要事遠行，暫停開放。我看那告示貼出的日期是三天之前，至於該師父何時回來何時再開放就沒有提到了。

「該不是跑路了吧！」我在心裡想著。「他是不是察覺到什麼不對勁，知道自己賊星該敗，所以跑去哪躲起來了呢？」

我也抬起頭望向夜空，夜晚的冷空氣讓我熱切的腦子冷靜不少。冷風吹過帶起幾片落葉與紙屑，望著浩瀚的蒼穹，我心頭一緊，突然感到一陣茫茫不可測。

想起天地之大，吾人之渺小，一股崇敬與卑微的心情油然而生。

我再看一眼這黑暗中顯得蒼涼的建築物，頭也不回地轉身走去開車回家。

⑥

之後的兩個月，我與家明走南闖北又去了好幾個地方，幹的都是相同這一類事，事情的經過與結尾也都大同小異。

唯一不同的是，我所眼見的「家明」所做之事，影像更加清晰，我心底冒出的那個解說聲音也更清楚。

喔，還有我的心情也由當初的激動振奮，慢慢轉為平常而低沉了。

但我仍然很關注每次事件的後續發展。

如果說每回都鬧上新聞，那真是太戲劇化了點；但確實有幾次當我們完事離開某地之後，與該地相關的人物就會出現在媒體上，而且還都不是什麼值得露臉的事。

譬如說，那家被踢爆隔空抓藥的騙局，這家舉辦轉運招財法會的當天，燭火無論如何就是點不起來，只好被迫取消，那家被檢舉為違章建築，隔沒幾天就被拆光了。還有某豪門家族的手足爭產內鬥，某知名賢達的婚外情不倫戀，某企業老闆涉嫌背信欠債脫產潛逃等等。

如果路程不是太遙遠，事後一段時間我也總會抽空再回去看看，或是設法打聽有沒有什麼消息傳聞。或許是因緣湊巧還是隱有安排，更有可能是老同事老朋友們的幫忙，我總很容易獲得這些內幕資訊或小道消息。

通常結果都讓我很滿意。我的意思是，能打聽到後續就很滿意了啦。

這段旅程的最後一個目的地是在南部。家明提議不要開車，改坐火車南下，這樣一來有時間在車上休息，也可以走走停停在火車站附近隨意品嘗地方美食風土小吃。我想這主意還真不錯，也很多年沒搭火車旅行，便欣然同意了。

那天傍晚事情完畢後，我提了兩袋當地名產，還在車站買了兩個便當，大包小包地與家明上了火車。車上旅客不是很多，我們隔著車廂的大片玻璃，看著不遠處的夕陽逐漸西沉，邊吃著鐵路便當，還真別有一番風味。

吃完飯，我靠著窗邊，回想起這幾個月來我跟著家明所行之事，禁不住一陣小小的快慰。我問家明：「欸，你第一次出馬幹這種事的情形如何啊？會緊張嗎？」

家明想了想，臉上露出一個苦笑對我說：「第一次，很菜，功夫還不到家。結果很慘，我足足在家躺了一個月，生了一場大病。」

我伸了伸舌頭：「哇，這麼壯烈。」

「幸好後來遇到德老。」家明說。

「啊，你是說，你跟德老是這樣認識的啊？」

「嗯。」家明看向車窗外，火車這時駛在平原上，不知道是不是正好經過家明與德老初次相會的縣市？

家明嗯了一聲，繼續說：「那次也是同樣的事到南部來。當時火候經驗都不足，還嫩得很。幸好有德老主動伸手幫忙，還指點我許多竅門所在，與應該留意的地方，要不然我恐怕還要很吃些苦頭。」

「原來是這樣啊……」我長嘆一聲，想起了德老的身影。

那一瞬間，我突然想到德老寫給我的「你也有帶筆」；我好像捕抓到什麼重要線索，原本的謎團突然間似乎更明白了些。

我又想到夢裡那場會議……我心想……莫不是……莫不是在議要不要由我把這些冥冥中維持天道公理的事情記述下來？

是不是因為如德老說的，我有帶筆？

是不是因為那場夢的結論，家明才會讓我參與這幾次的事件？

這一連串幾個關節連結起來，故事似乎更完整了……我受這幅拼圖的完整圖畫所震懾，一時驚訝地說不出話來……。

但真的是我所想的這樣嗎？

這會不會是我自己的穿鑿附會？會不會是我的聯想力太豐富了？

⑦

我呆住半晌說不出話來，腦子裡其實是一片空白。

家明好像張嘴跟我說了什麼，我沒有反應。

他拍了我一下又說：「欸，我問你啊，這幾次的事情你也打算記下來嗎？」

「啊、啊、這個……」我毫無準備，家明突如其來的這一問，支支吾吾半天才勉強回答他：「啊這個……這個……應該會……應該會記吧……。」

家明沒馬上出聲，我自己心底此時倒是想著，是啊，是該記下來，這太值得記錄了。這樣的事情不記錄下來，豈不可惜了！

此時家明正視著我的雙眼，他說：「或許你是該要寫下來，這點我沒有意見。不過……我可不可以同你打個商量？」

咦？這是怎麼了？我奇道：「什麼事呢？什麼事需要打商量啊？」

家明低頭看著他的手，他搓了搓手，似乎有些為難，慢慢抬起頭跟我說：「你寫這些事情的時候，可以不要太直白嗎？我的意思不是要你扯謊；我是說，這些事情實在過於駭人聽聞，如果有一天你要對外公開，恐怕會招來非議與麻煩，你懂我意思嗎？」

我一時還不能體會家明心中的顧慮是什麼，但我看他這麼鄭而重之地提出來，便先點了點頭。我接口問：「那你希望我怎麼做？別寫也別發表嗎？」

「不，」家明揮手說：「寫不寫發不發表，我都沒有干涉的立場，那都看安排了。但是事情的人物細節我想還是不要太詳細確實比較妥當點。你能明白嗎？我也不是要你瞎編造假，但你想想，寫這樣的事情主要是要傳達什麼？是事件背後的主題與意涵，還是故事內幕有多曲折離奇？」

我沒出聲，細細咀嚼家明所說的話。

家明看我不說話，以為我尚未同意，他又說：「一來我不想你因為牽涉其中而惹上什麼不必要的麻煩，二來，你應該也不希望這樣的事情變成同八卦周刊一般的聳動膚淺吧！搞成什麼揭弊爆料也太荒謬了！你要分清楚到底什麼才是值得寫下來發表出去的才好啊！」

我點點頭，開始懂得家明的意思了。故事本身或許很吸引人，但背後的意涵才是更有價值的訊息。畢竟我已經不是記者了。

更何況，這些事情從頭到尾都只有我與家明兩個人看得見聽得到；說不定這一切只是我們兩個人的一場大幻覺呢？這樣薄弱的證據恐怕也禁不起檢驗吧？

我緩緩點著頭，又思索過一遍。我想，把這幾次事情的人事時地物全都打散重排混著寫好了。甲地的事跑到乙地發生，某丙的新聞套到某丁頭上去，戊己庚辛子丑寅卯去年今日全都亂湊在一起，就沒法對號入座了吧！

然後我正色看向家明對他說：「我懂了。我會小心處理的。畢竟，嚴格說起來，我們什麼事也沒幹對吧！我們只不過是去了幾個地方，抽了幾根菸罷了。」

我對家明眨了眨眼睛，家明露出一個開心俏皮的微笑。

我突然有點心酸，果然，家明的世界無論如何是見不得光的。

⑧

外頭天色已經全黑了，車廂內的日光燈突然也全都調暗下來。可能我太久沒坐火車，沒想到火車竟然跟飛機一樣也這麼體貼，隨著時間的變化而調整燈光。

昏暗的車廂裡很安靜。除了車行鐵軌上的聲響外，偶爾還傳來幾聲打呼聲。

我發現家明還沒有閉目休息，表情沉重地望著漆黑的窗外。

怎麼了呢？我心想。不是事情都辦妥了，要交代我的也都交代了，為什麼家明看起來還這麼心事重重？

「怎麼了，你在想什麼？」我輕聲問他。

「我在想以前的事。」難得家明這麼直接回答我的問題。

「以前什麼事啊？」

家明看著窗外，他的聲音聽起來乾澀異常，像是從一口古井底下傳來似的。他說：「你知道嗎，這些人，一開始的時候未必是這樣的。他們可能曾經都很善良都很純真，或許也真的是想用自己的能力做點事情的。」他停頓了幾秒又說：「但為了種種原因，到後來還是變質了，走樣了。枉費了一身所學，辜負了師長所託，走上歧途，投向了黑暗勢力啊！縱有天大的本領，戰勝不了自己人性的黑暗面，也只是自取滅亡罷了。可惜，可惜啊……」

我倒不覺得這樣的人有什麼好可惜，更沒有什麼值得同情的。一切都是自己的選擇，終究是自己要去面對與負責的。為非作歹就該自作自受，本是天經地義！

家明又說：「其實大家都差不多的。每個人離開學校，初踏進社會的時候，不也都懷抱著豪情壯志想要改變世界嗎？但結果是，到最後每個人卻都被這世界給改變了。我相信這些人一開始不是這樣的。只是後來他們迷失了本心，忘記了初衷……唉！真悲哀啊！為什麼這麼容易就變了……為什麼……」

此時家明語音沉重面帶戚容，但我不解：是非善惡的分辨與公理正義的伸張不才是最重要的嗎？他怎麼還有這多餘心腸去關心感慨這些人的腐敗與墮落？

我直言問道：「這跟以前的事有什麼關係？」

家明轉過頭來看向我：「你知道嗎，這些人裡面就有我的師長與同學好友啊！」

我愣在當下，心中似有大石重重一擊。

家明的意思是……？

「大義滅親」這四個字馬上浮現在我腦海裡。我用力抿著嘴，試著去揣摩體會家明可能會有的各種複雜心情與感受，想著想著，不禁癡了……。

家明回過頭去，繼續看著漆黑一片的窗外。他凝重悲傷的表情透過微弱的燈光反射在玻璃窗上。我不忍再看下去，仰頭閉上眼睛。

火車繼續疾駛著，窗外的景物快速被遠遠拋在腦後；但車廂內糾結的情緒與哀傷的回憶一直籠罩在我與家明上方，一路隨著我們北上，久久不肯散去。

彼黍離離

有個問題我思量猶豫許久，但想到所剩時日無多，便在回去的路上終於鼓起勇氣問家明：「當初你為何會主動找上我啊？」家明笑了笑：「這倒好，我還想問你呢！你又為什麼會願意一直跟著我？」

我沒答腔。

當然我知道為什麼。

彼黍離離，彼稷之苗。行邁靡靡，中心搖搖。
知我者謂我心憂，不知我者謂我何求。
悠悠蒼天，此何人哉？

——《詩經》〈王風・黍離〉

「真有這麼久了嗎？」被宣告復發那天，我從醫院出來回到家裡，站在霧氣彌漫的浴室鏡子前這麼問自己。生病不過是兩年多前的事，化療也已結束年餘；我短短的人生已經過去三十六年光景，剩餘下的不知幾希。我簡直不敢相信我就在時間的荒原裡站了這麼三十幾年，而任它空白地過去。

三十年，都可以出三張精選輯了哩。

我迷迷糊糊走進浴室開了熱水，恍恍惚惚把洗髮精倒在頭上，隨便亂抓了幾下。這些年裡我都幹了些什麼呀？我悶悶地抓了抓頭髮，再把肥皂打在身上，然後漫不經心地將所有泡沫都沖掉，但那股頭昏腦脹的感覺卻怎麼也沖不去。

熱水嘩嘩地流著，像時間一樣地流過去，不同的是它留下了滿室的霧氣。我把刮鬍膏擠出來塗抹在下巴及嘴唇四周，不由自主地又問一次，真的這麼久了嗎？

鏡子側緣紅色的除霧小燈在白色氣體中發出亮光，像是飛機跑道的指示燈，但相反地它的任務卻是阻止水蒸汽的降落。

我把下巴的鬍子仔細刮去，然後低下頭來把刮鬍刀沖洗乾淨。白色泡沫混著黑色鬍碴一起被快速地沖出排水口。我這才意識到這些年來陸陸續續零零碎碎失去的所有是再也回不來了。

我把上唇的鬍子也刮乾淨，望著鏡子裡的自己擠出一個難看的苦笑。

水珠順著髮梢滴在我的前胸後背，令人聯想到時鐘秒針滴答的腳步聲。

到底時間是以一種什麼樣曖昧不清，偷偷摸摸的狀態存在？我木然地盯著鏡子裡反映出的另一個自己這麼想著：是不是只有當我不留意地瞥到日曆鐘錶或什麼的才會稍稍意識到時間的存在？

難道時間就僅僅存在於日曆鐘錶裡？

我理了理頭髮走出去，把這些問題都留在霧氣氤氳的浴室裡。

我決定就此放棄尋找時間的流向或我短暫人生的意義。下定這種莫名其妙的決心，我有如彈掉一截菸屁股般地自然，然後看著它在黑暗中劃起一道紅色灼亮的弧線。我拿出齊柏林飛船全套的ＣＤ放上，躺在沙發裡胡思亂想一整晚。

①

那晚因為心情低落幾乎整夜沒睡，聽著音樂直到天光微亮才上床躺平。睡沒幾個小時家明的電話就來了：「起床唄，天氣挺好，跟我去晃晃，今天我開車帶你。」好吧，我打起精神起床，讓家明當司機，載我出去晃悠轉轉。

上了家明的車，他一路往北走，沒多久我們居然來到這間以惡性腫瘤專科聞名的大醫院。進了停車場停好車，家明看著我說：「我知道你不會想上去。你得了這病，還跟我東奔西跑這麼久，真難為你了。我很快就下來，你等我一下。」

像天上一道閃電冷不防打到我腳邊，家明竟說出：「你得了這病，還跟我東奔西跑這麼久，真難為你了。」我感到一陣暈眩，雙腿發軟。

沒一會家明就下來了。家明問我：「你精神還好吧？要不要也給你鼓勵鼓勵？」

我沒好氣：「好得很，死不了啦！還一堆事沒做哩，我不會輕易放過你。」

家明跳上車：「還可以的話，那我們走吧！今天帶你去一個大學城，新開發完成的文教住宅特區。」

我跟著上了車，這回我們一路往南，開了兩個多鐘頭，來到一個山間小城。這山城人口不多，因為近年來新設了一所大學，建商們在附近順勢開發出一個住宅與商業特區，隨著學生人口的移動，周邊新建住宅群已慢慢有居民遷入。但或許是因為生活機能尚不完備方便，人數增長速度緩慢，商業活動與店家的數量一時也跟不上來。

我與家明開著車，由那大學的校門口大馬路開始，繞著整片校區，經過一片店家商圈，然後經過主要幹道開往住宅區，將這整個新設特區大致繞了一遍。我們車行緩慢，家明一路上邊開車邊細細查看周邊的建築物，空地、工地、商家、民宅。我也跟著慢慢以目光巡視周遭的各種景物，我感到有些緊張與不安。

等到家明終於看完，我們在附近找了間門口擺有露天座位的小飲料舖子坐下休息。我們點了咖啡與水果茶，似在休息也似在回想剛剛所見景象。

好半晌，家明問我：「你有覺得怎麼樣嗎？」

其實我心中早已覺得這整個特區極不對頭，就連空氣聞起來都不太一樣。明明是個新造鎮開發的計畫特區，卻明顯透著一股沉沉死氣，完全沒有原本該有的蓬勃生機。我有一股非常熟悉且強烈的直覺，極像是那次在葉家地下停車場一樣，但是這裡的感覺比葉家強上百倍。

「你說得很對，」家明說。「這裡的情形確實與葉家別墅非常類似，而且數量與程度都複雜上百倍也不止。你看這裡的店家，稀稀疏疏一點商業買氣也沒有，學校大門也陰森森地，最讓我擔心的是這些住宅大樓全都籠罩在一股詭異的氣氛當中。」

我突然想到不久前有個新聞：一名職業婦女在晚飯時分以菜刀砍死她兩名親生幼兒，然後跑到住家頂樓一躍而下當場摔死身亡。那新聞的發生地點好像就是這裡？我的印象隱隱約約，不敢十分肯定⋯⋯。

家明又說：「你看那邊還有好幾處空地，還在等待有一天蓋大樓，也要施工開挖⋯⋯不知道還會搞多大⋯⋯」

我急急問道：「那，那該怎麼辦？今天我們過來要做什麼嗎？」

家明搖搖頭：「今天只是先來勘查現場了解狀況。這裡情況太複雜棘手，牽扯的範圍也太大，今天就純是來查看而已。我必須先回去好好想想，好好籌備與計畫，想個周全的辦法再說吧。」

我暗暗著急，但聽得家明說得如此嚴重，一時也不能怎麼樣。

我喝了幾口咖啡，突然想到：等到家明想出辦法要再過來處理的時候，那時我不知已變成怎樣了。病可能變更嚴重了，化療完身體可能變更虛弱了，還能跟著家明再到這山城社區來一伸拳腳嗎？

我又想到我的時間不知還剩下多少，與家明這樣行腳雲遊的奇幻旅程還能繼續多久？難道我連這些也都要失去了嗎？

想著想著，心情異常地沉重起來。我又點了杯咖啡，胸口這塊大石沉甸甸地壓得我說不出話來。

原本有些木然的我，這時候心裡裝滿了被我封閉深埋許久的傷心與悲哀。第一次感覺到自己已像是風中殘燭，看著這片山城景色，除了無奈還是無奈。

家明也低頭沉思，像是在想這裡的事情如何處理。過一會，他突然抬頭問我：「你怎麼也不說話呢，在想什麼？」

我苦笑，搖搖頭沒出聲，心裡已經默默拿定了主意。

「晚了，我們走吧。」家明站起來去結帳。

有個問題我思量猶豫許久，但想到所剩時日無多，便在回去的路上終於鼓起勇氣問家明：「當初你為何會主動找上我啊？」

家明笑了笑：「這倒好，我還想問你呢！你又為什麼會願意一直跟著我？」

我沒答腔。

當然我知道為什麼，但那只是一個微妙的感覺，並不是什麼具體確實的原因。那只是我潛意識裡的一個直覺而已。雖然一開始我對家明的印象只是一個平易親切，相處起來舒服的朋友，但後來當他帶我進入這奇幻旅程，我宛如一個溺水之人乍見浮木，在無可奈何了無生趣的人生裡，終於找到存在的價值與意義。

我當然知道為什麼。我只是不想向他明說而已。

家明這傢伙老奸巨猾，以另一個問題回答我的問題，還是不肯告訴我當初他為何主動找上我。

我看著他明亮狡黠的雙眼閃著奇異的光芒，突然想到：說不定這兩個問題其實是一而二二而一的哩！

②

我坐在診間裡，面前的主治仔細端詳著電腦螢幕裡的影像檔案與檢驗報告。

我的主治是一個溫和沉穩，舉止有節，但也不失親切熱情的好人。

之前沒發現，但這次再見面，他言行間流露出來的氣質倒與家明有幾分近似。

我默默等他看完報告作出結論，心中沒有什麼特殊的期待或預設想法。過了一會，他抬頭看向我說：「很奇怪。你這次的數據跟上次相差不多，沒什麼變化，可是電腦斷層的影像卻顯示，上次出現的幾個疑似新生腫瘤，有的消失有的卻變小了。」他的語調不慍不火，我聽不出其中有沒有藏著什麼潛台詞。

這是主治要將我召回重新進行化療之前的詳細檢查報告。距離上一次追蹤回診，被懷疑病情復發相距約半個月而已。

主治抬了一下眼鏡繼續說：「在臨床經驗上這些疑似腫瘤的影像突然消失並不算罕見，我們應該可以把這當作一個好消息。不過，你幾項指數都跟上回檢查時一樣高，還是超出安全範圍太多，這點就比較讓我不大放心了。而且這兩種現象同時出現，確實是有點奇怪。」

他說了一個好消息與一個壞消息。不知道是不是我已經適應了家明說話方式的訓練，主治的話聽來，還真像家明在同我說話一樣。而我已經很習慣不追問不期待不打斷，只是安靜地把話聽完這種應對模式。就像下雨天就把傘撐開，雨停了便把傘收起來，沒有什麼好多說多想多問的。事情發生了就讓它發生，要是沒有發生那便沒有發生。不論什麼事，我已經都無可無不可，處之泰然了。

我以為我這是看透世情的豁達，我以為這就是超脫自在的坦然。

我像是在聽一個與我不相干人的病情故事。我彷彿不是病人，而是主治的醫生同事被請過來偕同會診一樣。我問主治：「那麼，你建議下一步怎麼做？」

主治回答的用語挺酷，他說：「我們可以暫時降低警戒等級，但還不可以解除警報。這樣，你先開始服用口服的化療藥，然後我們再進行四到六次的預防性化療。我研判你遠端轉移的可能性仍然存在，要在這些新腫瘤坐大之前先掃蕩過一遍。這次口服藥的副作用可能比較明顯，你要多忍耐些。」

我問主治：「什麼叫預防性化療？」

主治說，就是在腫瘤生成之前先一步進行破壞與清除的化療。

我唔了一聲，主治臉上露出微笑對我說：「你準備一下，我們過兩個禮拜來開始吧。目前還不能下結論，你不用太擔心。」

我確實一點也不擔心。

出了診間，批好價繳完錢，我便輕鬆瀟灑地走出醫院，根本沒去領什麼化療藥。

③

決定不回去化療之後，我心中一塊大石落地，心情著實輕鬆不少。我感到從此自由自在風輕雲淡，再也沒有什麼事情可羈絆掛懷的了。

我感到心情大好，一夜好眠睡到接近中午，醒來後胃口大開。雖然外頭陰陰沉沉天氣不好，但我無所謂，我想找家明出來看海，順便到漁港吃些現撈海鮮。

我打給家明，問他有沒有興趣，他說好啊我等等過來接你。

我坐在家明車上往北行駛，平日的中午時分，高速公路上車子不多，非常順暢，我感到天地一片遼闊寬廣，心想這麼大的世界有這麼多事情可做，為什麼要回去醫院，關在小房間裡，打什麼化學藥呢？我將車窗搖下，側風強勁吹亂了我的頭髮。我感到一陣快意，嘴角不禁上揚，露出一個愉悅暢快的微笑。

抵達餐廳，我決定好好犒賞自己，點了一大桌菜，什麼龍蝦刺身黃魚扇貝，不問價錢不管重量，只要新鮮好吃，通通給我端將上來。

飽餐一頓後，我摸摸肚皮非常滿意，家明今天話很少，吃得也不多，但我渾不在意。反正他本來話就少，或許海鮮他也沒那麼愛吧。

吃完飯，我們到漁港邊一家好大的便利商店買了兩大罐茶。我提議到漁港防坡堤外的那一片岩岸邊看海如何。家明說隨便，我們就慢慢往遠處那片礁石走去。

走到半途，我終於覺得家明悶不吭聲實在有點奇怪，便問他：「你今天怎麼了？怪怪的喔，東西也吃那麼少，是有什麼心事嗎？」

家明邊走邊看了我一眼，隨口答道：「沒啊，沒怎麼樣。」

我雖然覺得不是如此，但也不以為意，便繼續往下坡的海邊走去。

我們小心翼翼在這堆奇形怪狀、瘦骨嶙峋的礁石之間跳來跳去，終於來到一塊稍顯平坦的整塊大岩石上，再往前幾步就是大海了。

今午風不強，浪頭也不大，我用外套遮住身子側轉過去點了根菸，幾口吞吐，頓時覺得心曠神怡。我問家明也要來一根嗎？他搖搖頭沒有興趣。

我看著無邊無際的大海，吞雲吐霧逍遙自在，心中非常愜意。想到一句俗話說「要飯三年，知縣不幹。」但此時此刻就算是給我皇帝我也不想幹啊！

雖然隱約感覺到我自己今天有點不一樣，有點太張狂了。但我想沒關係，難得心情這麼好，就讓我放縱這一天又有什麼關係？就讓我多享受享受這偷得浮生半日的無拘無束吧！

我看著海天一色，吹著陣陣海風，喝了一口茶，心想要不是天氣太冷，還真想跳下海裡去游游水呢！我正想著，家明突然開口問我：

「我說，你病復發了，有什麼打算嗎？」家明雙手插在口袋，遠眺著天際這麼跟我說。

我頓了一下，想輕輕帶開這話題：「沒，沒啊，想那麼多幹嘛。」

家明還不肯放下，他又問：「醫生有安排你回去治療嗎？」

我感到有些不耐煩，家明硬要提這討厭的事情，未免也太煞風景。我又拿出根菸點上，故意沉默以對。

或許我今日的狂態過於明顯，家明似乎看出了什麼端倪。他走到我身邊慢慢地說：「你是不是決定了？」

「啊？決定什麼啊？」我叼著菸，蹲下身子，撿了顆腳邊的石子往大海用力丟去。我可以不要講這些事情嗎家明。我又撿了一顆，更用力地丟出去。

家明似乎被我這故作輕佻的痞子態度惹惱，他一手拉著我的肩頭，將我扳過來面向他大聲說：「你是不是不回醫院了？你已經決定好了是不是？」

④

我無可奈何。好吧，你真想談這個我就跟你直說吧。

「是，我已經想好了，我不打算再回去化療了。反正也沒有效，回去白受罪幹嘛，沒有意義嘛。」我看著家明身後的漁港，不想正視他。

家明握著拳叫道：「你就這樣認輸了，放棄了嗎？你不想再試試看嗎？」

我看著他激動的臉龐，嘆了一口氣。沒想到，今天竟是我要安慰他。

我拍拍他的手，盡量做出一個誠懇真摯的表情對他寬言道：「家明，我知道你關心我，非常謝謝你的好意。不過我已經想通了也看開了。治療不一定有效，但痛苦是一定有的，死亡也是不可避免的，只是時間問題。既然如此，再做什麼化療有什麼意義呢？不過是浪費醫療資源，也浪費我的時間而已啊！」

家明瞪著我沒出聲。我看他抿著嘴，似乎強忍著極大的壓力。我看了也於心不忍，又向他說：「你不用這麼擔心啊，照說你應該是最豁達最放得下的，不是嗎？認識你這麼久，也看了這麼多，其實我已經逐漸釋懷了。生死有命，該活的死不了，該死的救不活，不就這麼回事嗎？再說我只是復發，又不是末期只剩個把月的情況，真的沒什麼好大驚小怪的啊！我寧願把我剩下的時間拿來跟你一起幫助那些需要幫助的人，這樣不是更有意義嗎？」

他沒出聲，我接著又說：「復發就復發，能在死前多幫些人，我也走得沒有遺憾你懂嗎？這世上每個人都難逃一死，早死晚死有什麼兩樣……」

但我話還沒說完，便被家明無情打斷：

「你以為你這是達觀，是什麼都看開了的豁達？我必須告訴你，你這根本是放棄！你只是放棄了自己的生命自己的問題，以為可以就這樣逃避躲在另一個世界裡！」家明似乎動了真怒，對我無情（還是終於流露真情？）大聲地教訓著。

「經歷了這麼多，難道你完全沒有領悟到什麼嗎？看了這麼多人的生離死別，這麼多人的故事遭遇，難道你還不懂得到底什麼值得珍惜？」

我不服氣，家明怎麼可以說我是在逃避。

「不，我當然知道什麼應該珍惜，什麼才有真實深刻的意義，此所以我願意一路跟著你做這些事情的呀！比起我自己的事，這些事情不才是更有價值與意義的嗎？這些事或許有的圓滿有的仍有遺憾，但能夠奉獻我的小小心力去幫助他人；雖然說大部分的事情都是你在扛，我也沒能真的幫到什麼，但是，我能夠參與其中，這給我帶來了莫大的欣慰與存在感，你不明白嗎家明？因為這些事情，我明顯感受到自己的轉變與收穫，我覺得我已不是從前的我，而是以一個新的態度在面對人生，難道你感受不到我的改變嗎？這一段時間以來，我活得非常充實，非常開心，我覺得我的生命更富意義。我知道這一切都該感謝你，但你竟然說我是在逃避！」

我義憤填膺，忿恨難息。我的生命從來沒有這麼豐富過，卻被指責是逃避！認識家明以來，第一次與他起這樣的正面衝突，但我被如此誤解，實在不甘！

家明不為所動，看著我繼續說：「能夠有能力幫助他人確實是一件快樂且有意義的事，不過你忘記海蓮娜的故事了嗎？她確實是很認真努力在幫助他人，但我說過，放著自己最根本確切的問題不管，腦子裡盡是想著要救世渡眾，這是一件非常本末倒置的事，是非常莫名其妙的！

「你跟她一樣，以為躲在這樣一個藉由療癒他人所營造出來的虛幻氛圍的世界裡就可以忘掉自己的煩惱與問題，就可以彌補什麼過去的傷痛，這不是逃避是什麼？你以為你可以不理會現實，但現實卻不會不理你！每個人都有自己的人生要面對，如果你行有餘力還不忘幫助他人那當然很好，但是，一個對自己不負責的人怎麼可能去背負什麼更大的責任？不管你多有抱負理想或是覺得助人給你帶來莫大收穫與價值，但你不能忘了，首要就是先幫助自己面對自己！如果這世上每個人都能對自己負責，好好面對處理自己的問題，那就沒有人需要幫助了！

「救世渡眾，這也是一個虛幻的大妄念！從你眼裡看出去個個都是需要得度的眾生，但反觀自省，試問你不是眾生嗎？你不用得度嗎？若人人皆能自度，實無有一眾生需要得度，無有眾生可度！你連自己的生命都不尊重了，還想奢談幫助誰？

「如果你不珍惜自己的生命，假設你不久後便死去，這樣就幫助到誰了嗎？若是你如此有理想抱負，不更應該認真看待自己的人生，面對自己的種種問題，然後健健康康正正當當去行應行之事嗎？逞一時意氣之快還以為是豁達放下；明明是放棄逃避還以為是善行義舉！顛倒夢想莫此為甚！

「我再問你，要是我明天就消失了呢？要是我明天就消失無蹤從此不再聯絡，我的事情你再也不能參與，請問，你生命的存在感也就消失了嗎，你人生便從此失去意義與價值了嗎？當然不是嘛！你怎麼可以把自己的生命意義這種重大議題交到別人手上來決定？你有沒有想過，這樣是不是太本末倒置太不負責任了？

「每個人都還是要認真去面對自己的人生，由自己去定義與創造自己生命的意義與價值，這是無法放棄，無法逃避的課題呀！這才是人生的真諦！

「現在的你只不過是由一個虛妄走入另一個虛妄而已！你想幫助別人但請先從面對自己做起！真正的平安喜樂是來自內心的平靜圓滿，不能外求，不能外求的呀！」

家明從來沒有這樣義正詞嚴地跟我說這麼一番大道理；每回有什麼事情發生，熱血洶湧情緒起伏的那個人總是我，但今天好似顛倒過來，今天那個平靜穩定的人反而是我。

我想了想他剛剛所說的話，深呼吸幾口氣下定決心，然後我說：「家明，我明白你的好意，我知道你想要告訴我的。如果我剛發現得病時就拒絕治療，那你可以說我是逃避是放棄。我嘗試過，然而治療失敗了，我又復發了。我現在不是放棄，我只是不想把我僅剩下的一點點時間都花在醫院裡進行那些無效的治療，忍受無謂的痛苦。我並不是要及時行樂去放縱揮霍我剩下的時間。我只是想把可能只剩這最後一點點的生命拿來做一些有意義，對他人有益處，也讓我自己開心的事情，你明白嗎家明？我不是放棄也不是逃避，我只是……選了另一條路罷了。

「如你所說的，每個人都要為自己負責認真面對自己。這是我的生命，我選擇走這樣一條路，可能要面對最壞的結果，但無論如何，這是我的生命我的選擇，所以當然也是我自己要去面對這結果。這樣，不算是負責嗎？不算是你說的面對自己嗎？我不認為自己是在逃避問題，我只是換了個方式去面對而已。」

我看了家明一眼，繼續又說：「死亡是一件不可避免的事情，這在我第一次化療的時候我就認識到了。剩下的時間是半年一年，五年十年，甚至是三四十年，那又怎麼樣呢？對我已經沒什麼不一樣了，我接受這個事實。大部分人會因為死亡的逼近而改變自己的人生態度；有人因此活得更積極更有意義，有人因此活得更墮落更沒有意義，但試問，有沒有意義是由誰來決定呢？誰有資格決定呢？你剛說每個人的生命意義只能由自己來定義賦予，那麼我選擇了以我覺得有意義的方式來面對接下來的生命，為什麼你說我是在逃避呢？我認為以我餘生來做這些事情是最好最有意義的呀！這是我的生命，一切後果只能由我承擔，所以不是只有我才有資格來決定要怎麼做的嗎？」

家明沒有出聲，他把頭埋在手裡，發出一聲長長的嘆息。

我不知道他聽不聽得懂我所說的話，能不能夠了解我的心情。但既然今天話都說到這份上了，我索性放膽一次把話都講開來：「你知道嗎家明，一直以來，我從來沒有問過你為什麼我會生病，為什麼會是我。我也沒有問過你能不能醫治我的病。這一路走來我看你幫助了那麼多人，但我從來沒有問過你能不能幫到我，能不能醫好我！現在我想問，請你告訴我，為什麼我會生病呢？為什麼是我？你能不能幫助我醫好我呢？」說到這我鼻頭一酸，不禁哽咽了。

家明跳起來，大力揮手叫道：「我一直在幫你，一直在幫你啊！」

我轉過頭去。

我想終究還是沒人能夠明白我的心情。

我疲倦地跟家明說，你先回去吧，別管我了。等會我自己想辦法回去。

家明離開之後，我的思緒與心情跟這個無聊下午的海邊一樣。陰陰暗暗的天空映在海面的是一片死氣沉沉的暗綠。海風輕輕吹著，低壓厚重的雲層給人一種沉重的壓迫感，只有幾隻鳥偶爾飛過去。空氣中的味道聞起來好像要下雨了。

我一個人站在岩岸的礁石堆上，聽著迎風吹送陣陣拍打岸石的海浪，腦中嗡嗡作響，彷彿其中也有些什麼東西正隨著外面的海浪在翻騰著。

我望著礁石與礁石間激起的浪花，變成白色的泡沫然後緩緩退去，又被另一波緊隨在後的浪捲入，旋即消失在滾滾洪流之中。我望著須臾生滅的泡沫，不禁出了神了……。

⑤

回去後我連續十幾天都沒有與家明聯絡。這之間醫院打過兩次電話來，我的主治也打來一次，但我都沒接。這些都是打來提醒我或催促我回去化療的。

主治說，雖然有幾個異常影像消失或變小，但極可能還是復發了。我不是打算賭上一賭，而是事實究竟如何我已經不在意了。不管我所剩的時間還有多少，我都要用我自己選擇的方式來過。

但說實話，與家明幾近鬧翻，我的心情其實是很難過的。生活中突然失去這個同伴好友，還有他會帶著我一同經歷的事件，我的生活突然失去重心無所適從。這十多天來我都關在家裡如行屍走肉一般，消極頹廢放蕩形骸。

這跟當初做化療的感覺為何如此相似？

家明出現之前，我時常想起做化療的那段日子。

每隔半個月回去醫院報到一次，每次兩天一夜或三天兩夜。在病房裡在家裡，我每每拖著殘敗虛弱的病體，或在馬桶旁嘔吐，或躺在床上大口喘氣動彈不得，渾身沒有力氣。

我的世界像是下起一場無邊無際核爆過後的黑雨。因為藥物作用的關係我已無法正常思考，我的心也不能再感受宇宙萬物。我只能蜷縮在我荒涼敗壞的世界一角，守著只屬於我的殘垣斷壁，看著細密如雪不斷飄落的黑色雨絲。

在這分辨不出時空差異季節更替的奇異絕境，我整個人就這樣浸泡在銀色包裝的化學藥物液體裡，未曾抬頭仰望我人生周遭的一切正一點一滴地像自洗衣機的脫水槽中快速旋轉脫水扭曲變形棄我而去。

直到我認識家明。

難道真如家明所說，當他從我生命裡消失，我生命的意義與價值便一起消失了嗎？

我不知道，也不想知道。

無論如何還是要找點事來做。

一來打發時間，二來也讓我轉移心情，才不會胡思亂想。

我點了根菸把電腦打開，想起還有好幾份筆記檔案還沒有整理。

我拿出筆記本隨手翻了幾頁，邊建檔邊打字，也慢慢陷入回憶裡……。

這一直以來都是我無怨無悔地跟著家明到處行走，隨著他處理一堆別人的事情。但這一次，是我自己的事，我自己的病。我的生與死都是屬於我的，我要以自己的方式來面對處理。我才不想管家明或醫生或任何別人多說什麼。

整理筆記的進度相當不順利。我的思緒雜亂無章，我的感受似乎麻痺，我無法好好憶起這些事件的完整經過，我也無心去思考這些故事背後有什麼意涵或主題。筆記散落一地，我頹然放棄。

我靜下來重新檢視自己。我感到憤怒、挫敗、無助、傷心、悲哀，我感到一切都是無謂，都是枉然。我隨即又感到這些情緒也全是多餘，再多這些情緒也幫不了我，解決不了我的問題。

我躺在沙發上，想了一整個下午。我想到好幾個讓我印象深刻的人物：張老闆、德老、海蓮娜；我想到好幾個對我意義重大的特殊時刻。我想想睡睡，睡睡醒醒。待我收拾好情緒，努力平復心情，我將幾個已經整理好的故事檔案打開，開始閱讀，我想重新回憶當時的情景，我想看看如今再重讀這些故事記敘會不會給我什麼新的啟發與感想，會不會在我徬徨頹唐之日指引我什麼新方向。

藉著這樣，我似乎又重回到與家明結伴四處行腳遊歷的時光。

我不知道到底讀了多久，但心頭一直是暖洋洋地。我突然感到一陣強烈的文思泉湧，非常多非常多的感觸不斷浮出湧現。我跳起來，重新坐在電腦前。我雙手飛快地打字，腦子裡的文章段落與詞句早已成形就緒等在那裡，我迫不及待地敲著鍵盤，將滿滿的啟發與想法一一鍵下。

我不感覺到飢餓與疲憊，我不感覺到混亂與茫然。我只感覺到這每一個事件經歷，每一個人物故事都是特地為我準備而來。這每一片拼圖，都是為了拼湊出一個全新的我而設計安排。我想到張老闆朦朧中曾對我說過的話；我流著眼淚顧不得擦，用衣袖隨手抹去便罷。我有好多故事要寫，我有好多感想要一一抒發。我顧不得醫生叮嚀我不可熬夜不可過勞，我振臂疾書邊哭邊打，一直埋首案前直到天光破曉這才體力不支趴倒在桌上睡著。

這一覺我睡到下午才悠悠轉醒。

我走到浴室用冷水洗臉回神，腦子也逐漸清醒過來。

我拿起手機撥給家明，響沒幾聲就接通了：

「喂。」家明熟悉的聲音還是這麼沉穩，這麼令人感到安心。

「喂。」我的聲音聽起來乾乾癟癟，空洞中還帶著幾許尷尬。

「喂家明，我決定回去做化療了。我想問你，住院的時候你會來看我嗎？」

「好啊。」我聽到家明熟悉的聲音再次爽朗地回答道。

⑥

幾天之後，我一切就緒準備妥當回到醫院，病房裡護士們忙進忙出先抽了管血，再向我說明治療細節，並開始準備藥物與化療注射器，主治也進來打過招呼，待會看過血液報告後，化療便可以開始。

當然，家明也在一旁陪著。

在等待血檢報告的時候，家明問我：為什麼改變主意？

我想了想，千言萬語不知由何說起，遂給了他一個最簡單的回答：

「因為我還不想死。」

家明開心地笑了，我也笑了。

這時我心情篤定不再害怕，我已經一切都準備好了。

我自然而冷靜地跟家明說：「家明，認識你的這段時間，我確實活得很滿足很快樂。接下來的日子也不知道還剩多少。有些問題我一直沒有問過你，我想趁現在趕快問，免得將來哪一天想問也沒有機會沒有時間了。」

家明回答道：「是什麼問題呀？你幹嘛搞得風蕭蕭兮易水寒，一副要去刺秦王的樣子？」

我說：「這些問題我想問已經很久了。反正今天都已經進來化療，我也不想再有什麼顧慮遺憾，乾脆就直接問了吧。」

家明正色道：「哦，那是什麼問題呢？」

「你到底是誰，你這身本事是怎麼來的，你的這一切又是怎麼開始的？」

家明頓了一下，似乎沒料到我會問得這麼直接，才訕訕地說：「這些問題未免也太大了吧，怎麼可能說得清楚。」

「你就說說嘛，再不說恐怕也沒機會了。你總不希望我帶著這個謎團死掉，當個糊塗鬼吧！說不定我要是當了鬼，也會整天纏著你繼續問喔。」

家明露出一個為難的尷尬苦笑：「這條老太太裹腳布可不知道從何說起啊。」

我不出聲，面帶微笑看著家明，靜候他的回答。

家明想了一會才對我說：「這樣吧，你每乖乖回來做一次化療，我就回答你一個問題。這樣如何？」

家明這是跟我條件交換哪！

好，這交易挺公平，我決定成交。

我坐在床上，指著一旁化療藥的注射器對他說：「來，今天就是第一次。我的第一個問題是，你的這一切是什麼時候開始的？」

家明站起來走到窗前，他看著窗外的天空好一會沒說話。不知道是在思索該怎麼開始敘述自己的故事，還是陷入他自己的漫長回憶裡。

過了一會家明終於開口，我聽見他輕輕的聲音說：「從小我就喜歡看著天空。我經常看著藍天白雲邊幻想著，如果能夠躺在白雲上曬太陽睡午覺，該是一件多舒服多幸福的事情啊……」

致謝

這本初試啼聲的實驗之作得以出版問世，箇中因緣巧妙牽引皆缺一不可。要感謝的對象由遠到近，由間接到直接，實在非常非常之多。

首先要感謝皇冠集團的大平先生、小平先生、平小姐，以及春旭。特別是平瑩小姐以及徐凡、邠如，在編輯企劃過程中協調包容我百般的限制要求以及個人某些莫名的堅持。冒著如此商業風險來配合我低調隱匿不近人情的個性，實在令我既感謝且慚愧。非常榮幸，我這個人與這本書，是落在他們手上。

感謝牽起我與皇冠集團結緣的倪桑與梓潔。沒有想到一次閒聊竟然無意間開啟了這本書誕生的契機，讓我多變的人生旅程又踏進另一個從沒想到過的豐富冒險。

遠的部分，首要感謝所有在這條路上曾指引我幫助我教導過我的諸位師長們。我們的因緣或許有深有淺，相處的時日也有長有短，但他們對我的影響深遠意義重大。沒有他們的調教與雕琢，我仍會是那個桀驁不馴懵懂無知的叛逆少年。

最重要的，要感謝我的家人姑叔，祖父母與父母。

祖父母所遺留下來的家風庭訓與一生言行典範，以及幼時養我育我的恩德實在累世難忘無以為報。僅能寄語於此，獻上我的懷念與感恩。

更要感謝扮演我命運推手的母親以及一路寬容護持的父親。他們是這世上最深愛我的兩個人，也是這世上我最深愛的兩個人。雖然一直是聚少離多，但他們對我的付出與摯愛無人能及，猶如千百年來始終護佑著我的兩尊菩薩。這一生如果我僥倖能有任何成就，全都要感謝祖德福蔭以及我父母雙親的犧牲奉獻。

最後，還要感謝出現在我這段奇幻歷程中的諸多精采人物。因為他們才有了這本小書的集結出版。他們的生命故事豐富了我的生命意象與內涵，並教導我用更深遠更寬廣的視野來看待人生。對於他們，我始終懷著謙卑與感謝的心情，默默感念。

因為要感謝的對象太多，所以只好謝天。這句話的意思我現在真的懂了。如果這一切有任何成績或功德可言，皆盡歸諸所有成就此行的眾人，悉歸於天地吧！

由衷感謝大家。

癸巳年季春

一切有為法，
如夢幻泡影，
如露亦如電，
應作如是觀。

國家圖書館出版品預行編目資料

逐光陰陽間 / 李雲橋 著. -- 初版. --
臺北市：平安文化, 2013. 06　面；公分. --
（平安叢書；第418種）（幽人明光；1）

ISBN 978-957-803-868-4(平裝)

857.7　　102009676

平安叢書第0418種
幽人明光 1

逐光陰陽間

作　　者—李雲橋
發 行 人—平雲
出版發行—平安文化有限公司
台北市敦化北路120巷50號
電話◎02-27168888
郵撥帳號◎18420815號
皇冠出版社(香港)有限公司
香港上環文咸東街50號寶恒商業中心
23樓2301-3室
電話◎2529-1778　傳真◎2527-0904
責任主編—盧春旭
責任編輯—徐凡
美術設計—王瓊瑤
著作完成日期—2013年02月
初版一刷日期—2013年06月

法律顧問—王惠光律師

讀者服務傳真專線◎02-27150507
電腦編號◎546001
ISBN◎978-957-803-868-4
Printed in Taiwan
本書定價◎新台幣250元/港幣83元